マンガでわかる税務調査

法人課税第三部門にて

近畿大学法学部教授
公認会計士・税理士
八ッ尾順一

はしがき

本書「マンガでわかる税務調査」は、平成23年度の税制改正で、国税通則法（第7章の2／国税の調査）が見直されて、それによって「税務調査」も大きく変わったという状況をマンガで描いたものである。この見直しの内容は、従前の取扱いとあまり異なることはないのであるが、法律で詳細に規定されたが故に、税務署も納税者も試行錯誤を繰り返しながら、現場で改正後の国税通則法に四苦八苦している。

本書の主な登場人物は、法人課税第三部門の渕崎統括官（58歳）、田村上席調査官（43歳）、そして山口調査官（28歳）で、この三名を中心に、中之島税務署内部での議論及び納税者に対する税務調査の展開を示している。

ここで行われている会話などは、筆者が想定したもので、また、登場人物である税務職員、調査対象法人、社長、経理担当者そして税理士などはすべて架空である。

しかしながら、そこで議論・検討されている事柄は実際に現場において発生しているもので、これらについては私見を含めて、異なる意見を多面的に述べている。さらに、マンガでこれらの議論が展開されるので、読者にとって、臨場感のある読み物になっていると自負している。

本書は、「入門税務訴訟」（第一作目）「遺産相続」（第二作目）に続くマンガシリーズの第三作目である。過去のマンガの本と同様に、読者に興味を持って読んで貰えるものと思っている。

このマンガを描かれた巴啓祐氏には、原作を忠実にマンガに表現していただき、活字以上に読者にインパクトを与える素晴らしい作品を創って頂いた。また、このマンガの原作は、ネット（㈱プロフェッションネットワーク）上で掲載された連載記事「小説：法人課税第三部門にて」である。このネットの編集者である坂田啓氏には、本書でこの記事を使うことを快諾して貰った。更に、本書の企画・編集・校正等を担当して頂いた清文社の編集部の高橋祐介氏には、筆者と漫画家との間の調整などで、多くの時間を割いて頂いた。これらの方々には、ここに本当に厚くお礼を申し上げたい。

平成28年10月

八ツ尾　順一

Contents 目次

STORY

※本書の内容は、平成28年10月1日現在の法令等によっています。

解説

中之島税務署法人課税第三部門　主な登場人物

山口 調査官

物語の主人公。
まだまだ新人の若手調査官。
人一倍の情熱で
税務調査に取り組む。
熱心なあまり時折暴走することも。

税務署（法人課税部門）職制図

署長
↓
副所長
↓
統括官
↓
上席調査官
↓
調査官
↓
事務官

田村 上席調査官

山口たちの先輩のベテラン調査官。
常に冷静でスマートな仕事ぶりで、
統括官からの信頼も厚い。
穏やかで優しい性格だが、
若手には厳しい一面も。

渕崎
統括官

調査官を束ねる統括官。
温厚で面倒見がいい上司だが、
時に優しく時に厳しい態度で
若い調査官たちをまとめる。
部下たちの人望も厚い。

竹宮
調査官

山口の先輩調査官。
常に納税者の目線で課税を考える心優しい調査官。
若い山口をからかいながらも優しく指導する。
暴走する山口のブレーキ役にもなっている。

森
調査官

竹宮の同期。
地味な仕事を根気よくこなす
真面目な調査官。
おとなしいが、堅実な仕事ぶりで
周りからの評価も高い。

おことわり
　本書の物語はフィクションであり、登場する人物や団体等は、実在のものとは一切関係ありません。

装丁・デザイン　堀口剛志（アキ）

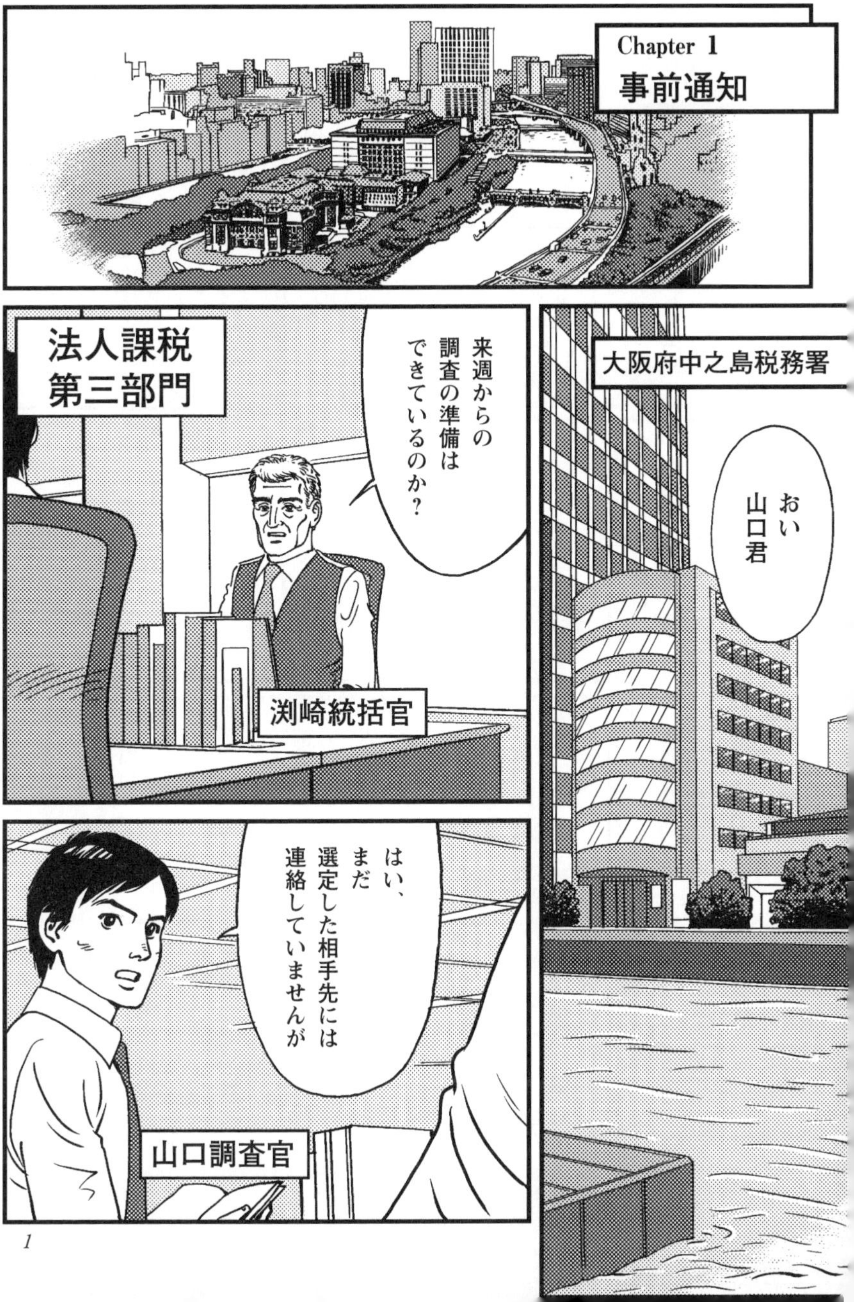
Chapter 1
事前通知
大阪府中之島税務署
おい 山口君
法人課税 第三部門
来週からの調査の準備はできているのか？
渕崎統括官
はい、まだ選定した相手先には連絡していませんが
山口調査官

おいおい、まだって
一体どういうことだ？
もう木曜日だぞ
週末になってから
来週の月曜から
税務調査をさせて
くれと言っても
先方も困るだろう
事前通知は
余裕をもって
しなければ…
はあ
……
ところで君は
正しい税務調査の
手続きは分かって
いるだろうね？
なにを
しているんだ！
早く先方に
連絡しなさい！
わかってます
ちょっと待って
ください

ええ
最近国税通則法の
改正が多いので研修は
きちんと受けていますよ
ガサ
ガサ
ガサ
では改めて言う
必要もないと思うが、
きちんと通則法に従って
調査を実施するように
それから
*事前通知を
するのは
納税義務者と
税務代理人だからな
わかっていると
思うが…
税務代理人って
税理士のこと
ですよね
あたりまえだ

＊納税義務者の事前の同意がある場合には、税務代理人にのみ通知されます。

しかし税務代理人って「税務代理権限証書」を税務署に提出した税理士などとなっていますよね
法律上は確かにそうなっているな
ということはこの税務代理権限証書を提出していない税理士に対しては事前通知をしなくても良いってことじゃないんですか？
ふむ確かに君の言うとおりだ
しかし昔は申告書の「税理士署名押印欄」に記載があればそれで連絡していたんだよ
税理士署名押印

でもそれは単に申告書を作成したというだけの意味しかない
つまり通則法がいう「税務代理人」ではないでしょう?
ん〜それはそうだが
それでは申告書の署名から税理士の関与が把握できるからとりあえず納税者にその旨を確認して
了解を得てから関与税理士に対して税務代理権限証書を提出するように求めたらどうだ?
そんなことしないといけないんですか正直面倒ですね

カタ
山口君、これはちゃんと読んだんだろうな
それは国税庁が正式に公表しているものだ
税務調査手続きに関するFAQ（一般納税者向け）
今般の改正は、税務調査手続の透明性及び納税者の予見可能性を高め、調査に当たって納税者の方の協力を促すことで、より円滑かつ効果的な調査の実施と、申告納税制度の一層の充実・発展に資する等の観点から、調査手続に関する従来の運用上の取扱いを法令上明確化するものであり、基本的には、税務調査が従来と比べて大きく変化することはありません。
わかりました それでは先ず納税者に連絡して関与税理士が税務代理人であることを確認してから税理士に連絡します
私が税務調査を予定している会社の税理士はなぜか税務代理権限証書を提出していないケースが多いんですよね…

山口君
何してるんだ
早く先方に
連絡しないか！
もう3時だぞ
ガタッ
あ、はい
……
えーと
……
君、さっきから
何をしてるんだ？
何か探しているのか？

いったい何を探しているんだ？
あの…私の…身分証明書と…質問検査章が見当たらないんですよ…
何だって？そんな大事なものを君！
総括官…知らないですよね……
知らないよ！何をのんきなことを言っているんだ！
それがなければ税務調査なんてできないんだぞ！わかってるのか！

君！これは始末書ものだぞ！
わかってますよ だから こうやって…
まったく君という奴は減らず口ばかり……
あった！ありましたよ総括官!!
…ったく
山口君！先方に連絡！
あ、はいっ

①　事前通知

事前通知とは、税務調査に際して、課税庁が、納税者に対し税務調査の日時等を事前に通知することをいう。平成23年度税制改正によって、課税庁は原則として、事前通知を納税義務者とその税務代理人に行うこと（国基通7－1）とし、その具体的な通知内容は、法律上明らかにした（国通法74の9①）。すなわち、以下の事項を通知することになった。

①　質問検査等を行う実施の調査を開始する日時
②　調査を行う場所
③　調査の目的
④　調査の対象となる税目
⑤　調査の対象となる期間
⑥　調査の対象となる帳簿書類その他の物件
⑦　その他調査の適正かつ円滑な実施に必要なものとして政令で定める事項

もっとも、適正な調査が実行できない場合や悪質な納税者等に対しては、従来と同様、事前通知をしなくてもよい（国通法74の10）。

平成26年度税制改正によって、納税義務者について税務代理人がある場合において、その納税義務者の同意がある場合には、その税務代理人に対してのみ通知をすれば足りることとなった（国通法74の9⑤）。

②　税務代理権限証書

税理士又は税理士法人が、税務代理をする場合に、その権限を有することを証する書面を「税務代理権限証書」といい、当該書面を税務官公署に提出する手続を「税務代理の権限の明示」という（税理士法30）。

平成26年度税制改正によって、「税務代理権限証書」に、納税義務者への事前通知は税務代理人に対して行われることについて同意する旨の記載がある場合には、その納税義務者への事前通知は、その税務代理人に対して行えば足りることとされた。それに伴って、税務代理権限証書の様式が改訂された。すなわち、今後、税務代理権限証書を作成する際には、①納税義務者にこの制度を説明し、「事前通知に関する同意」の有無を確認するとともに、②「事前通知に関する同意」が示された場合には、税務代理権限証書にその旨を記載することになる。

ただいま戻りました
Chapter 2 留置き
ドサ
ご苦労さん どうだった 今日の調査は？
どうもこうも最悪ですよ
どうした？ 何かあったのか
とにかく先方が極めて非協力的で

丸山建設(株)
私が提示を求める書類についていちいち理由を訊くんで時間がかかって一向に進まない
おまけに税理士も担当者と一緒になってこちらの依頼をすぐにやってくれない
本当に腹立たしいですよ
そりゃぁ納税者が税務調査に積極的にはならんだろう
しかしあんな対応されたら一か月間ぶっ続けで相手先に臨場してやろうかと思いますよ

まあ落ちつけ
こちらが先に興奮したら負けだ
ここは冷静に税務調査をしなければ是正事項を発見することはできないぞ
…ですね
渕崎くん…
仕事はもう慣れたかい？
あ、ども……
税務調査のコツはな相手を挑発して興奮させることだ
興奮させる…

興奮すると言葉の端々から不正のヒントが見つかるそれを見逃さないことだ
まあ場数を踏んで慣れることだ
渕崎さん渕崎総括官…
聞いてます？調査報告ですが
ああそれで今日の調査の感触は？
それがですねやはり外注費が前年に比べてかなり増加してまして

売上と比較してもかなり多いので外注費を中心に調べたんですが……
これがそのデータか
この会社は土木80%で他に建設20%の中堅規模の建設会社だったな
はい
外注費のことも準備調査のときに私自身が指示事項の箇所に書いていたな
そうその会社です

で、ですね外注費の件数が非常に多くて請負契約とか支払い明細書などの提示を求めてもなかなか持ってこなかったのでやたら時間がかかってしまって……
結局全部の外注費を調べることができなくて
それで外注費関係の書類を預かろうとしたのですがそれも相手に拒否されて…
留置きか
国税通則法七四条の七では質問検査権の中に「必要である時は当該調査において提出された物件を留置くことができる」とされていますが

「必要がある時」っていうのは当然調査をしている私の判断っていうことですよね？
ああ「留置き」は従来慣行になっていた税務調査官が納税者の許可を得て帳簿書類等を税務署に持ち帰るってことだからな
じゃあもし納税者が留置きを拒否した場合はどうなるんですか
それはそうだが…
国税通則法七四条の七の条文をそのまま読むと税務調査官が必要と認めた場合には留置ができることになっているんだから仮に先方が拒否してもこちらの判断で留置きできるということなんですよね
国税通則法
第七四条の七
国税庁等又は税関の当該職員は、国税の調査について必要があるときは、当該調査において提出された物件を留め置くことができる。
ただし「必要あるとき」の解釈だが…
調査官が主観的に必要と感じるだけでは足りず税務調査官が当該物件を留置きする場合には合理的な理由がなければならないんだ

ええ
わかってます
でもこれについては別に罰則規定があるんですよね
山口君熱が入ってるな
手強い相手みたいね
そのとおり納税者が税務職員からの物件の提示や要求に対して正当な理由がなく拒否した場合…
または虚偽記載の帳簿書類その他の物件を提示・提出した場合には一年以下の懲役または五〇万円以下の罰金に処されることになっている国税通則法一二七条三号
すげー
ほう
よく覚えたな

総括官
私今日中に
この外注費を
調べたいので
ちょっと遅く
なりますが
いいですか？
わかった
だけど
山口君
……
預った書類は
ちゃんと整理して
絶対なくしたり
しないように
総括官!!
くくっ
ぷぷぷ
初めからあまり
無理するなよ
山口君
わかってますよ
もう帰ろうかな

留置きとは、納税義務者から提出された帳簿書類その他の物件につき、税務署等の一定の場所に留置くことである。国税庁等または税関の当該職員は、国税の調査について必要があるときは、当該調査において提出された物件を留置くことができる（国通法74の7）。この「必要があるとき」については、最終的に、税務調査を担当している職員の判断によって決せられることになる。ただ、事務運営指針では、次のような場合に物件の留置きの必要性を説明し、帳簿書類等を提出した者の理解と協力の下、その承諾を得て実施することとしている。

① 質問検査等の相手方となる者の事務所等で調査を行うスペースがなく、調査を効率的に行うことができない場合

② 帳簿書類等の写しの作成が必要であるが、調査先にコピー機がない場合

③ 相当分量の帳簿書類を検査する必要があるが、必ずしも質問検査等の相手方となる者の事業所等において当該相手方となる者に相応の負担をかけて説明等を求めなくとも、税務署や国税局内において当該帳簿書類等にもとづく一定の検査が可能であり、質問検査等の相手方となる者の負担や迅速な調査の実施の観点から

留置きが合理的と認められる場合

なお、国税庁等の職員は、物件を留置く場合には、次の項目を記載した書面（「預り証」）を作成し、これを物件を提出した者に交付しなければならない（国通令30の3①）。また、預り証には、交付手続きとして、帳簿書類を提出した者の署名押印が求められる。

① 当該物件の名称

② 当該物件の種類

③ 当該物件の数量

④ 当該物件の提出年月日

⑤ 当該物件を提出した者の氏名、住所または居所

⑥ その他当該物件の留置きに関し必要な事項

この手続も、これまでの税務調査で行われてきたことであるが、国税通則法の改正によって、手続を法定化したゆえに、納税者の理解と協力を得るために、課税庁は従前以上に労力を要するといわれている。

Chapter 3
質問検査権の範囲と留置き

う～～
カタカタカタ…
このデータは……ブツブツ……
あの～田村上席……
ちょっと待って今ややこしいところだから……えーとこのデータを参照すると……
あーいつまでたっても調査経緯をまとめるのは難しいな
ん？どうした山口君
田村上席調査官

国税通則法七四条の二第一項の規定なんですけど
え～とそれって質問検査権の規定のことだったかな？
ええそうです所得税、法人税などの質問検査権をまとめてある条文です
で、その規定の最後に「提示もしくは提出を求めることができる」とあるんですが提示と提出ってどう違うんですか？
そんなことなら僕に訊かないで辞書でも引いて調べてよ

辞書には「提示」は差し出して相手に示すこと「提出」は書類などを差し出すことと
なっていますがイマイチピンとこなくて
あもう引いたんだ…
書いてあるとおりだよ「提示」は相手に示すだけだから「提出」のように物件を渡す必要はないってことだろう
えーと……
パラパラ
ここ読んだ?
読みましたよここには「提示」と「提出」を求めることができるとありますが
条文化される前は提示はともかく提出を求めることもできなかったのですか?

できたよ
相手の承諾が
あればね
承諾が
なければ
できなかった
……
そりゃ
そうだよ
拒否されたら
できないよ
もともと
任意調査で
強制力は
ないんだし
でも今は
「提出を求めること
ができる」と明確に
されているから
税務署が求めた
場合……
納税者は
法的に従う義務を
負うことになった
わけですね
う〜ん
そうだなぁ
で、
その提出が
七四条の七
「留置き」に
続くわけですね

まあ、提出というのは占有権が移転することだからその物件については税務署が預かることが可能だとした条文といえるね
でもこの条文ができる前から税務調査では留置きができていたと思うんですがどう違うんですか？
実質的には何も変わらないよただ法律で明らかにしたということだな
なるほどところで留置きって返還されることが前提ですよね
丸山建設（株）
平成28年度上期
外注費 4月～
要返却
返還？

ええ税務署が
納税者から提出された
書類を留め置いた場合
後日納税者に返還
されなければならない
ですよね
あたりまえだ
でもパソコンに
入っているデータ
なんかは
どうするん
ですか？
データの返還って
具体的にどうすれば
いいってなって
いるんですか？
ああ
データか…
え〜と
…
たとえば
田村上席は
どうしてます？

えーと
私の場合は
……
預かったUSBや
CD-Rをそのまま
返しているかなあ…
でもデータはコピーして
改ざんされることがあるから
留置きされることは
納税者としても
怖いですよね
特捜主任検事を逮捕
検事 押収資料改ざんか
ああそういえば以前
検察官が預かった
データを改ざんした
大事件があったたな
検察庁
そういうことが
あるから
データの扱いは
慎重にしなければ
いけないですよね
そう
技術の進歩に
法律が追いついて
いないのが現状
だからな

扱う人間の良心に委ねられているわけですね危ういなあ
まあそういうふうに言われると私自身きちんとできているのか……いささか心許ない……
あ、いや上席は大丈夫でしょう
いやこればかりは悪意のない無自覚が一番危険だから常に意識していないと……
あいけないもうこんな時間だ昼休みが終わってしまう

田村上席
お昼行きましょう
急がなくっちゃ
え？
あ、ああ…
しかし君はこんな話のときによく気持ちが切り替えられるなア
腹が減っては、ですよ
牛丼にしますかそれともトンカツ？
そんな食欲ないよ
うどんでいいだろう
え〜？
うどんですかぁ

質問検査権とは、納税者に申告などに関する質問等を行い、帳簿、書類、関係物件等を検査する権限を内容とする課税庁の調査権限をいい、当該質問等に対して、不答弁、偽りの答弁又は調査の拒否・妨害を行った場合には、罰則規定が適用されることから、任意調査であっても、間接的な強制力を有しているといえる。

質問検査権は、従前、各税法にそれぞれ規定されていたのであるが、平成23年度の税制改正によって、これらの各規定を国税通則法に集約し、国税通則法において横断的に整理するとともに、税務職員は、税務調査において必要のあるときは、納税義務者等に帳簿書類等の物件の提示又は提出を求めることができる旨が法律で明確化された。

【質問検査権に関する規定】

条文	質問検査権の範囲
国税通則法74条の2	1 所得税に関する調査 2 法人税に関する調査 3 消費税に関する調査（4を除く） 4 消費税に関する調査（税関の職員が行うもの）
国税通則法74条の3	1 相続税若しくは贈与税に関する調査又は相続税若しくは贈与税の徴収 2 地価税に関する調査
国税通則法74条の4	酒税に関する調査
国税通則法74条の5	1 たばこ税に関する調査 2 揮発油税又は地方揮発油税に関する調査 3 石油ガス税に関する調査 4 石油石炭税に関する調査 5 印紙税に関する調査
国税通則法74条の6	1 航空機燃料税に関する調査 2 電源開発促進税に関する調査

Chapter 4 反面調査

カタ
カタ
う〜ん……
上席、この場合反面調査に行った方がいいですかね
反面調査？
ええ外注先に対する反面調査なんですけど
どうも外注費の額が大きいのと外注そのものの回数も多いようで…

各工事と外注費の対比はできてる？
どこの工事の外注費かは現場の作業日報表でわかるんですが、同時期に何カ所も作業をしているので外注先の資料だけでは判断しにくくて
え〜と、これ？外注先の請求書
ほう奈良県の吉野にこんな会社があったんだ
吉野は桜がきれいでねえそれとぼたん鍋がうまいんだ
ぼくね若い頃に三年間吉野税務署に勤務してたんだよいや懐かしいなあ

だけど ここからは 遠いよ
でも外注先の 原始記録を見なければ これらの外注費が 本当に発生している のかどうかわから ないですよね
それに吉野から 結構遠い工事 現場の仕事も 請け負っている んですよ この会社
これって 架空外注費の 恐れもある ような気も するんですよ
そうだなぁ 総括官に 話して吉野に 行かせて もらうか

いや その前に 吉野税務署に 連絡して この会社の ことを訊いて みれば？
そう ですね
？ なんだ？ ……
反面調査を する時には 調査法人や 反面先に 事前に連絡 しなければ いけないん ですか？
国税通則法では 調査対象の法人に 対しては原則として 事前通告を しなければならない と規定されている けど………
取引先などの 反面調査先に ついては 納税義務者本人に 該当しないから 事前連絡は しなくていいと 思うよ

ましてや このケースでは 事前連絡すると 資料を改ざん されたりする 恐れがあるから
反面調査の 法人にはどこの 会社を調査して いるのかも知られ ないようにしなく ちゃいけないし
とは 言ってもね
吉野は本当に 遠いから 今回はとりあえず 事前に連絡しと いた方が いいかもな
Zip…
はぁ そうですね
先方も予定が あるから 行ったはいいけど 誰も居なかったじゃ 困りますしね
そういう ことだ

う～ん……
田村上席、これちょっと見てもらえます？
まだ何か？ぼく、出かけなきゃいけないんだけど…
「調査手続きの実施に当たっての基本的な考え方について」…
これって「調査時における手続」の中の項目だよね
反面調査の実施については調査対象にはその旨を事前に連絡する必要はないし取引先には明示しなきゃいけないとは言っても「反面調査である旨」のみを示せばいいってことだから
やっぱり調査対象のことは伝える必要はないな
でも相手によっては「いったい何を調べているんだ？」としつこく訊かれることがあるんですよ

それには答えなくていいよ
第一誰の何を調査しているのかを取引先に伝えることは個人情報の問題に接触する恐れもあるわけだから
調査内容は教えられないと言わざるを得まいな
はあなるほど
つまり反面調査は取引先等自体の調査じゃない
ということは納税義務者本人じゃないわけだから調査の内容を説明する必要はないとこういうことですね

まあ何にせよ山口君は今回の調査で重加算税を取るためにどうしても吉野へ出向かなくちゃならないというわけだ
はあ…遠いな……
遠いぞがんばれハハッ
他人事だと思って……
何を言ってるエールを送っているんだよ前途ある若者にね、総括官
？
無責任なこと言わないでください
ハハッじゃあ私は出かけるとするかな
さっきからなんなんだいったい

反面調査か
いいだろう
手強い相手
だから
外堀から埋めて
いかないとな
ええ
だけど
山口君
吉野は遠いぞ
バテるなよ
総括官
まで!!
?

反面調査とは、調査対象となっている納税者と取引関係等にある者に対する調査である。これは、調査対象者の調査に当たり、当該納税義務者に対する直接調査だけでは限界がある場合に、その取引先である得意先、仕入先、その他支払先等を対象として、その取引事実の裏付けの確認を行う調査をいう。また、反面調査は、その対象先が銀行であれば、「銀行調査」ともいわれる。

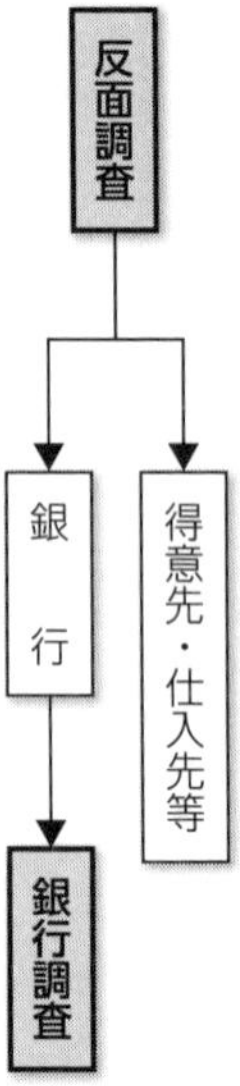

反面調査事項が、例えば資料照会等単なる確認を要する事項で、その内容が簡易で、かつ、不正取引が予測されない事項である場合には、原則として取引先に対して書面又は電話による照会を行い処理することになっている。これを「反面照会」という。

【反面調査のチェック項目】

①　取引先調査	・仮装名義の取引の有無 ・取引商品の数量と金額の確認 ・代金決済の仕方についての確認等
②　銀行調査	・架空預金の有無 ・借入金等に対する裏担保の有無 ・入出金の中に不審なものがないか ・手形の裏書人等の確認

反面調査の必要性について、東京地裁（昭和50・2・29判決）は、次のように述べている。

「納税義務者の取引先等に対するいわゆる反面調査としての質問検査権の行使は、行使の態様及び納税義務者との取引先との間の力関係その他の事情のいかんによっては、納税義務者に対する取引先の信用を損なうなどその取引関係に影響を与えるおそれなしとしないから、その必要性の有無の判断及び質問検査の態様等につき、納税義務者本人に対する質問検査の場合に比し慎重な配慮を要するというべきであるが、しかし、質問検査権の行使の時期、範囲及び方法について、税法上これを定めた規定はなく、これらは、結局、調査の目的に照らし、質問検査の必要性と右のごとき納税義務者及び取引先の有する私的利益との衡量において社会通念上相当な限度にとどまる限り、権限ある税務職員の合理的な選択に委ねられているというべきである。」

Chapter 5　修正申告の勧奨①
そうか
修正申告
しないのか
ええ
非違事項は
交際費と棚卸
資産だけなん
ですが……
太田工業(株)
う～ん
……

創立20周年記念
祝賀パーティ収支表
ん?
ここに書かれている金額は何ですか?
えーとこれは…招待客から頂いた祝い金ですが…
祝い金?ということは帳簿には「雑収入」として記載されるべきですが…
[仕訳]
(借方)
交際費652万円/(貸方)現金652万円
ここには計上されていませんね
それはつまり支出の八五〇万から祝い金として頂いた一九八万を収入として差し引いた実際に動いた金額を記載したわけで……

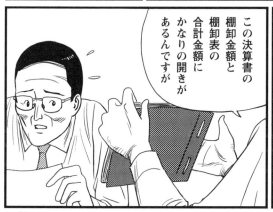

違いますよ実際に動いた金額はですね……
このように具体的に記載しなければいけません
つまりこの場合の交際費はあくまでも八五〇万円なんですよ
[仕訳]
(借方)
交際費850万円
(貸方)
現金652万円
雑収入198万円
はぁ そうですか
それから棚卸資産についてなんですが
この決算書の棚卸金額と棚卸表の合計金額にかなりの開きがあるんですが

九〇〇万円の差は
大きいですよ
この差の原因は
なんですか
ガタ…
ちょ、ちょっと
待ってください
今調べますから
えーと
……
お待たせ
しました
えーとですね
……
つまり、えーと
……
集計誤りでした
すみませんっ

え～と……ん？
小計　1,000,000
10,000,000円
これってどちらの数字が正しいんですか？
え～と一〇、〇〇〇、〇〇〇円が正しかったかと…
え～……たしか……
しかしこの集計用紙では一、〇〇〇、〇〇〇円で計算されていますが
おかしいですねえどう計算しても小計欄の金額は一〇、〇〇〇、〇〇〇円になる

だから…
集計誤り…
これが隠ぺい仮装だったら重加算税の対象になりますよ!!
なんでここに一、○○○、○○○円と記載されているんですか!?
誰が書いたんですか!?
隠ぺい…
重加算税……

以上が本日の調査結果の概要です
社長ォ
落ちつけ
太田工業社長
経理部長
交際費と棚卸資産についてはは修正申告をしてください
顧問税理士
棚卸資産については重加算税を賦課決定致します
何かご質問はありますか

ひとつ
いいですか
はい
何でしょう
以前と違って
今の国税通則法では
修正申告を提出しても
更正の請求が
できますよね
ええ
それについては
今から説明
します
この
教示文に
記載されて
いますが
まずは
ご一読
ください

それで申し訳ないのですが
この教示文は国税に関する法律の規定に基いて交付する書類なので署名捺印を頂きたいのですが
棚卸の漏れは集計ミスで……
修正申告か しかも重加算税…
社長 この際税務署に更正処分をしてもらいましょうか
更正処分…
修正申告に応じても重加算税は賦課されるそれならばわざわざ自分で修正申告をするよりも税務署の手間を増やす更正処分をしてもらおうという顧問税理士の精一杯の抵抗だった

税務調査が終了すると、納税義務者に対して、当該調査の結果を通知しなければならない。国税通則法74条の11では、その1項で「更正決定等をすべきと認められない場合」には、納税義務者に対し「更正決定等をすべきと認められない旨」を書面によって通知することになっている。これに対して、2項では、「更正決定等をすべきと認められる場合」には、納税者に対して「調査の結果の内容を説明する」としている。更に、3項でその説明をする際に、当該納税者に対して、「修正申告又は期限後申告を勧奨することができる」としている。また、同時に、当該修正申告に対する不服申立てをすることはできないが、「更正の請求」をすることができると説明し、その旨を記載した書面を交付しなければならないことになっている。

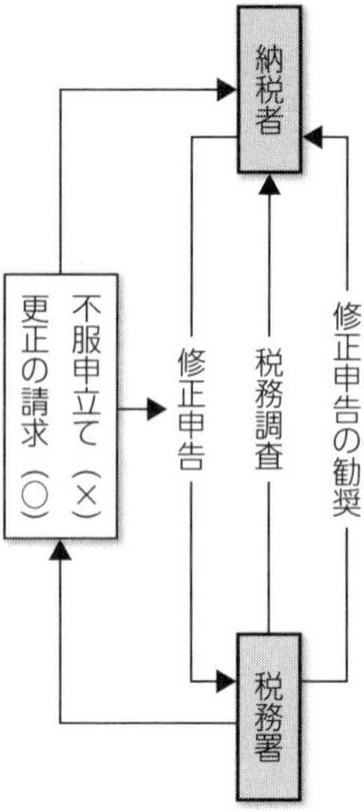

修正申告の勧奨については、「調査手続の実施に当たっての基本的な考え方等について（事務運営指針・課総5-11ほか／平成24年9月11日）」で、次のように述べている。

> 納税義務者に対し、更正決定等をすべきと認められる非違の内容を説明した場合には、原則として修正申告又は期限後申告（以下「修正申告等」という。）を勧奨することとする。なお、修正申告等を勧奨する場合には、当該調査の結果について修正申告書又は期限後申告書（以下「修正申告書等」という。）を提出した場合には不服申立てをすることはできないが更正の請求をすることはできる旨を確実に説明（以下「修正申告等の法的効果の教示」という。）するとともに、その旨を記載した書面（以下「教示文」という。）を交付する。
>
> （注）① 教示文は、国税に関する法律の規定に基づき交付する書面であることから、教示文を対面で交付する場合は、納税義務者に対し交付送達の手続としての署名・押印を求めることに留意する。
>
> ② 書面を送付することにより調査結果の内容の説明を行う場合に、書面により修正申告等を勧奨するときは、教示文を同封することに留意する。なお、この場合、交付送達に該当しないことから、教示文の受領に関して納税義務者に署名・押印を求める必要はないことに留意する。

Chapter 6　修正申告の勧奨②

そうか
あちらさんは
重加算税について
何か不満があるのかな？
交際費も棚卸資産も
先方の誤りなのは
明らかなんで…
重加算税については
理由附記は大丈夫？
ええ
審理とも
相談したんですが
棚卸の集計用紙には
一〇、〇〇〇、〇〇〇円と
合計額を書いて
おきながら
……
その横に
一、〇〇〇、〇〇〇円と記し
二重丸をつけて
小計欄の金額を
一、〇〇〇、〇〇〇円としている
これって明らかに
隠ぺい仮装に当たり
ませんか？
う～ん
そうだなあ
……

竹宮君　これ、君は　どう思う？
竹宮調査官
これって　先方は何て　言ってるの？
経理部長は集計ミスって　言ってるんですが　集計用紙の記載内容を　見れば作為的に　棚卸の金額を　書き換えているのは　明らかです
そのこと　確認書は　取ってる？
確認書？
確認書というのは　故意に棚卸数量を　除外したとか　そんな文言の記録だ
いや取ってないですけど　それって法的には　意味のないものでしょ？

でも相手に対してあとで文句を言わせない心理的な効果は十分あるのよ
まあこの報告書から察するにこの相手はそんな確認書は提出しないでしょうけど
おそらくねあの経理部長は出さないでしょうね
だけど絶対あの経理担当者は経理部長の指示で棚卸資産を減額したに違いないんだ
実際重加算税の理由附記を書くのはなかなか難しいよ
昔は重加算税について理由の附記など必要なかったのに国税通則法の改正で仕事が増えましたよね

最近重加算税を賦課決定するか否かについて審理に尋ねてもなかなか返事がもらえない
それだけ慎重になっているんでしょう
でも今回のケースは重加算税を決定するに十分値するでしょう
ほうと言うと?
だって棚卸の集計表の合計欄を書き直しているんですよ客観的に見ても隠ぺい仮装をしていると見るのが妥当ですよね
そして判例によるとこのようなケースでは税務署に対して「故意」の立証は要求されない

なかなか勉強してるじゃない山口君感心感心
からかわないでくださいよ先輩
そりゃあねあんなしたたかな連中相手にするんだから僕だって必死ですよ
いい心がけだ
まあ修正申告書を提出してもらうかわりに重加算税の賦課決定をしないというわけにもいかないだろうね
僕としては交際費課税を見逃しても重加算税は課したいですね

ちょっとそんなのダメよ山口君
しかし…
しかしじゃないの交際費だって明らかに先方の処理が間違っているんだから見逃すわけにはいかないわよ！
ええ確かにこのケースについては有名な判例がありますよね
判例？
ええ、えーと……
？
ちょっと待ってくださいよ……

あああった
これだ
これは
東京地裁
平成二年
三月二十三日の
判決文です
この判決文には
こう書かれています
原告が言うところの
祝い金は主催者に
よって催される行事の
機会を利用して
招待客が行う一種の
交際行為であると
解されるもので
ある
……
したがって
祝い金と行事の
開催に係る交際費
との関係は……
同一の機会に
行事の主催者と
招待客との二つの
交際行為を行い
それぞれが交際費
等を支出したと
いう関係である

交際費等の額の計算においては祝い金収入分につきこれを控除するなどといった方法で考慮することはできないものというべきである
この判決文に納税者は納得したということですね
まあそういうことだ
なるほどそうすると納税者が修正申告の勧奨に応じなかったら更正処分を行うしかないというわけね
その通りです
でもホントよく調べたわねすごいじゃない
あれ？先輩はこの判例ご存じじゃなかったですか？
し、知ってたわよ有名な判例じゃないの
えー？

おい、やめろよ
二人とも……
なによ
ホントに〜?
まあ少々手間
だけど
それが最善の
策かな
いずれにしても
重加算税の理由
附記については
書かなきゃいけ
ないしね
そうですね
この相手に対しては
統括官に更正
処分をすることを
伝えます
あんたもたまには
更正処分の起案も
しておかなきゃ
処理の仕方も忘れ
ちゃうでしょうしね
失礼な!
僕は忘れたり
しませんよ
ハイハイそこまで
昼メシ行くぞ
えー?
山口君と?
なんですか!
だから
やめろって!

① 重加算税

重加算税は、国税通則法65条ないし67条に規定する各種の加算税を課すべき納税義務違反が事実の隠ぺい又は仮装という不正な方法に基づいて行われた場合に、違反者に対して課されるものであり、これによってこのような方法による納税義務違反の発生を防止し、徴税の実を挙げようとする趣旨に出た行政上の措置である（大阪高裁平成9・2・25判決）。

重加算税（国通法68）	1項	過少申告加算税＋隠ぺい仮装→35％
	2項	無申告加算税＋隠ぺい仮装→40％
	3項	不納付加算税＋隠ぺい仮装→35％

なお、事実の隠ぺい又は仮装の典型的なものは、次のとおりである。

事実の隠ぺい	二重帳簿の作成、売上除外、架空仕入、架空経費　棚卸資産の除外、雑収入の除外等
事実の仮装	取引上の架空名義の使用、虚偽答弁等

平成23年度税制改正によって、平成25年1月1日からすべての不利益処分について「理由の附記」が必要となった（国通法74の14、行手法8①、14①）。したがって、重加算税の賦課決定も不利益処分であるから、「理由の附記」が必要となる。

② 更正処分

申告納税方式を採用している租税において、提出された納税申告書に記載された課税標準等又は税額等の計算が法律の規定に従っていなかったとき、その他当該課税標準等又は税額等がその調査したところと異なるときは、その調査により、これを正当なものに確定させる行政処分をいう（国通法24）。「更正処分」は、行政処分であるから、税務争訟の対象になる。これに対して、「修正申告」は、納税者の意思に基づいて提出されるものであるから、不服申立ての対象にならない。ただ、修正申告をしても、原則として、法定申告期限から5年以内であれば、「更正の請求」はできる（国通法23①）。

税務調査が終了し、その対象となった申告書を是正する必要がないと税務署が判断した場合、当該納税者に「更正決定等をすべきと認められない旨の通知」を税務署は通知しなければならない（国通法74の11①）。

Chapter 7　更正の請求の期間延長

う〜ん
こりゃまいったなあ
どうしたの？
怖い顔して
納税者から修正申告書を提出してもらおうと思ってこれを読んでるんですが
なに？
国税通則法第二十三条…
ええ、でね
更正の請求に関して修正申告書を提出しても法定申告期限から5年以内であれば納税者からその是正を求めることができ……
また
税務調査が終わったあと税務署が修正申告を勧奨する場合には納税者が修正申告書を提出する際更正の請求をすることができる旨を説明しなければならないわけですが
ええ
そうよね

これって昔みたいに納税者と税務署との話し合いで決着をつけられなくなるってことなんですかねえ
え？話し合いって？
あ、いやだからたとえばですよ
たとえば棚卸資産の漏れと交際費等の課税を税務調査で指摘したとすると……
ああこの前の件ね
はいあの時のように話し合いで増差所得を調整して修正申告書を提出してもらうケースつまり何らかの事情で交際費の課税と引き替えに棚卸資産の漏れはなかったことにしたなんてときに…
えーっ山口君ったらそんなコトしてるのお？いーけないんだ

だから
たとえばって
言ってるじゃ
ないですか
わかってる
わよ
冗談よ
修正申告書を提出して
もらってもあとで
交際費について更正の
請求を出されちゃったら
…ってことね
まあ
そんなことも
考えられるが
そうです
これってあと出し
ジャンケンですよね
税務署側にとって
不利じゃないですか
そんな更正の
請求を提出して
きたら
再調査のときに
棚卸資産の漏れを
指摘して更正の
請求を認めるか
否かの判断を
すればいいん
じゃないか？
更正の請求の
内容以外の事柄に
ついても
調査の対象と
判断しても
いいんですか？

もちろん　その場合　課税標準ないしは税の総額がいくらであるかが調査の対象になるいわゆる総額主義で提出された「更正の請求」の内容が判断されることになるが
しかし調査　報告書の中に　さっきのような納税者との駆け引きを記録として残せないでしょう
当然だ　納税者と交渉して棚卸資産の漏れを見逃してやったなんて書いたら決裁が下りるわけがない
今書いている調査報告書も自分に都合のいい作文だ　納税者との交渉があったなんて書かないよ
ということは更正の請求の調査担当者は結局納税者が主張する交際費課税の妥当性つまり争点のみの調査しかしていないってことになるわけですか?
建前はね　なんだかおかしな話だけど

だからといって四角四面にそれ以外の調査はしないってわけにはいかないししなけりゃいけない調査の手を緩めるわけにはいかないよ
通則法は確かに守らなきゃいけないけど紙に書かれた決まりには当てはまらないことも多々ある
そうですね我々は生きた現場でひとつひとつ違った事情の中で調査をしていますから現場の判断で臨機応変に対処することも大切です
そのとおりださすがは竹宮君よくわかっているね
それにこうやって議論して調査の問題点を確認し合うのはとてもいいことだ僕も気づかされることがあるしな
僕だってわかってますよ第一これは元々僕の問題提起で……
わかってるよそう興奮するな

田村上席ぐらいになったら経験の中からいくつもモデルケースが引っ張り出せるでしょう
いやいや何年経ってもひとつひとつが初めてのケースだよ
結局は税務調査とはいえ問題は納税者の人物ですよね初めて対する人にモデルケースは当てはまらない
そういうことだ
ただいま
おかえりなさい
パパおかえりなさい
う～ん更正の請求の期間が原則5年間ということは……

おはよう
おはようございます
あらためてじっくりこれ読んだらさ
この文言の意味するところは結局ハードだって思ったよ
やっぱり納税者と税務署のいわば「あ、うんの呼吸」の交渉はできなくなったってことだ
おはようございます
税務調査もやりにくくなるなる厄介な話だ
でも田村上席更正の請求をする際には納税者は「事実を証明する書類」の添付が必要となっていますし……

また偽りの記載をした更正の請求書を提出したものに対しては一年以下の懲役または50万円の罰金という罰則の規定がありますから……
それはそうだがそんな規定にどれぐらいの効力があるのかわからない
それよりも更正の請求期間が5年間ということの方が間違いなく納税者にとって有利だよ
昔と違って修正申告書を納税者に提出させればそれで一件落着とはいかなくなりましたよね
税務調査も簡単には終了しなくなったってことですか
そうだなぁ更正処分も修正申告も納税者にとって調査後に不服申立てをするのか更正の請求をするのかの違いで共に税務調査での結果の是正を納税者側から要求することができることが大きいよね

そういうこともあるから納税者から修正申告書が提出されたとしても調査報告書には更正の請求が提出されることを前提として詳細に記録しておかなければならないな
ですよねえ
……
なんだか朝から疲れちゃいました仕事の前にお茶でもいれますか
そうだなそうするか
あ総括官おはようございます
おはよう田村君報告書はできてる？
あ、もう少しですすぐ仕上げます
田村上席も総括官の前では私たちと同じね
ですね

争訟物（審理の対象、範囲）論では、従前から、「争点主義」か、「総額主義」という議論がなされてきた。

総額主義といわれる考え方は、もともと課税庁によって主張されてきたもので、課税処分に対して、再調査の請求、審査請求あるいは訴訟が提起された場合の争訟物は、例えば、所得税でいえば、最終的に、その課税年分の課税所得がいくらであるのか、あるいは最終的な税額はいくらなのかということに尽きるというものである。そこに至る過程において、当初申告における課税総所得金額が300万円、更正処分で「売上計上漏れ200万円、課税総所得金額が500万円」とされ、これに対して再調査の請求、審査請求をした結果、・売上計上漏れ200万円は誤りであったが、必要経費の中にその年の必要経費として認められないものが別に200万円あったので、更正処分は結局は正当である」として原処分を維持することができるということになる。したがって、原処分の理由に拘束されずに再調査の請求や審査請求がされた場合、あるいはさらに訴訟が提起された場合においても、後から調査し直し（再調査あるいは見直し調査）、他に否認事項や申告もれがないのかを洗い直すことができることになる。結局、総額主義は、争訟の審理過程で「理由の差替え」を認めることになる。これに対して、争点主義は、不服審査や取消し訴訟における争訟物は、処分の理由と一体となった原処分の適否であり、処分は、処分時までに収集された証拠資料によって適法であることが証明されない限り違法な処分として取り消されなければならず、後から集めた証拠資料によって処分の理由を補完したり、理由の差し替えは許されないという立場を採る。この考え方によると、原則として「理由の差替え」は認められないことになる。

なお、国税不服審判所は、「争点主義的運営」を特色とし、国税通則法の一部改正の参議院大蔵委員会の附帯決議（昭和45年3月24日）で、その内容について、次のように述べられている。

「政府は国税不服審判所の運営に当たっては、その使命が納税者の権利救済にあることに則り、総額主義に偏することなく、争点主義の精神をいかし、その趣旨に遺憾なきを期するべきである。」

Chapter 8
調査終了時の「理由」の説明義務

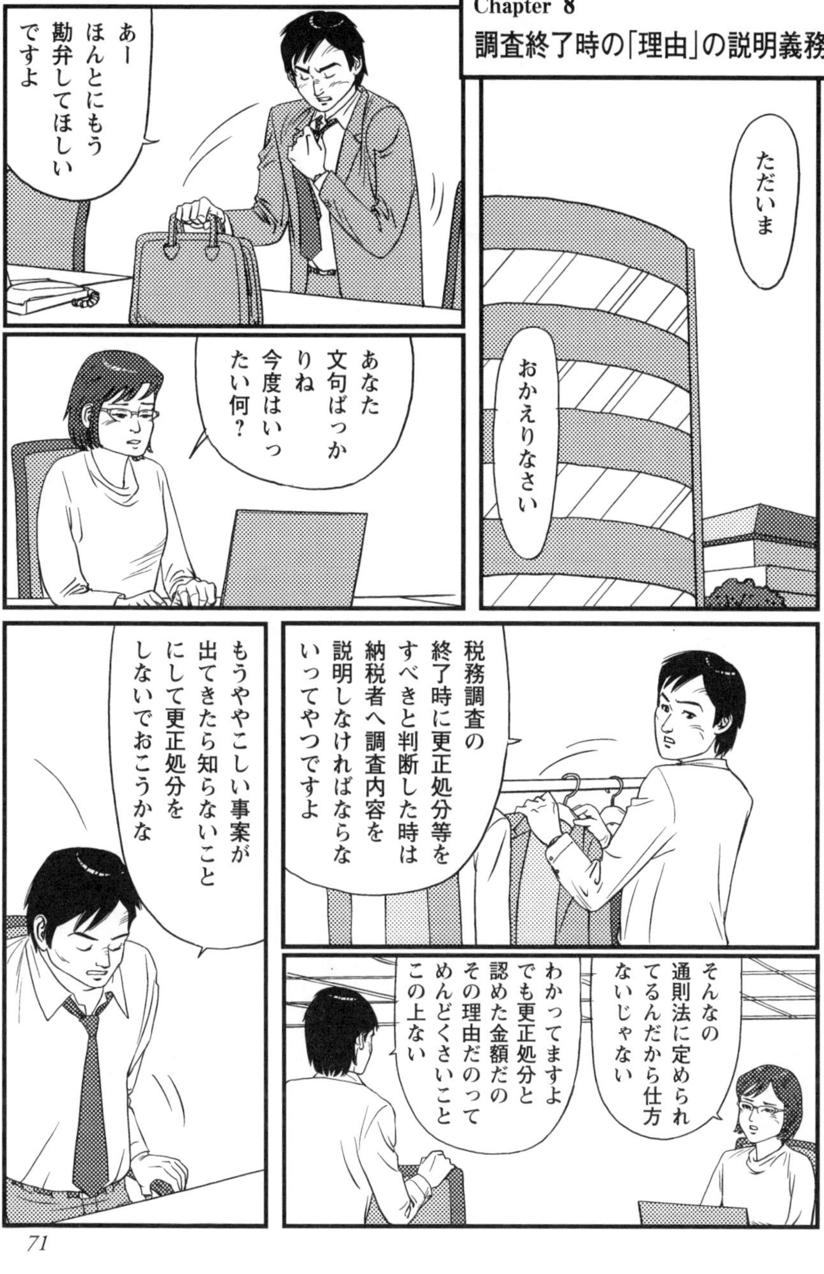
ただいま
おかえりなさい
あー ほんとにもう 勘弁してほしいですよ
あなた文句ばっかりね 今度はいったい何？
税務調査の終了時に更正処分等をすべきと判断した時は納税者へ調査内容を説明しなければならないってやつですよ
そんなの通則法に定められてるんだから仕方ないじゃない
わかってますよ でも更正処分と認めた金額だのその理由だのってめんどくさいことこの上ない
もうややこしい事案が出てきたら知らないことにして更正処分をしないでおこうかな

また そんなこと 言って
こら、冗談でも そんなこと 言うなよ
あ、上席 おかえりなさい
まあ めんどくさいって のは わからんでも ないが
しかし 納税者を権利で 保護するって いうのは 世界的な風潮だ 仕方ないだろう
はあ… でもなんか それって意味 あるんですかねえ
意味？
ええ 発展途上国ならと もかく日本は法整 備もされていて、 徴収する側が横暴 なことはでき にくくなっ ているし
そもそも租税って 国民に義務づけ られている 制度だから 納税者に保護 されるべき 権利なんて 何もないん じゃない ですか？

君はいったい何が言いたいんだ？
納税者に何も権利がないなんてずいぶんね
いや僕が言いたいのはつまり……
納税者権利憲章なんかで縛られたら罰則が気になって調査官が萎縮してしまい自由な調査ができなくなるんじゃないかということですよ
今までだって現場の判断で説明するべきことはきちんと説明していましたよねそれでいいんじゃないのかなあ
たしかに説明内容なんかも我々の裁量任せじゃなく事細かく説明し、資料も添付しなくちゃいけない質問には丁寧に答えなきゃいけないなんて随分納税者寄りの法律ではあるわね

もうちょっと現場の苦労もわかってほしいですよね
さっきも言ったように世界的な風潮だ背負うしかないよ
世界では実際どうなっているんですか？
ヨーロッパのいくつかの国では既に制定されているし東南アジアや南アフリカでも制定に向けて動いている
途上国なんかでは役人の職権乱用とかが横行してそうだから納税者を保護する必要があるだろうけど
竹宮君はよく東南アジアへ行くって話だけどそういう話聞く？
ええついこの間もラオスへ行ってきたんですが

東南アジアにも立派な税法はありますが山口君の言うようにほとんど賄賂の世界で税務調査なんてまともに行われていないのが実情ですね
私もそんな国で納税者権利憲章を作っても有名無実なように思います
それはヨーロッパだって同じだよ
イタリアなんかも納税意識が低いから国民からいかに税金を徴収するか政府もあれこれ知恵を絞っている
コンドーノって聞いたことないか？
あ、なんか聞いたことありますイタリアの納税者への納税制度ですよね
コンドーノ？何ですか？それ

そうだ イタリア語のコンドーノを和訳すると〝免罪符〟という意味になる
免罪符ですか
うん、つまり 5年に一度納税者に一定のお金を支払わせそれに応じたら過去の脱税等を帳消しにしてやるというものだ
それってまるで裏取引じゃないですか そんなモノが政府主導で しかも法律に則って行われているなんて
でも金額によっては納税者が不利になることもありますよね
だから それに背く者も出てくる
背くとどうなるんです？

背いたものに対しては容赦なく徹底的に税務調査が行われるということだ
今度は脅しですかなんだかムチャクチャですね
脅しかなるほどそうかもしれんな
だがそれが世界の実情だよ先進国も後進国もない
日本だって建前を外せば中身は同じってことですか
でも、だったら納税者に対してより厳しく法整備をするべきでしょうそれがなぜ納税者権利憲章なんですか？

納税者の権利はきちんと保護した上で法に則って厳しく調査しますよっていうことだろう
つまり税務調査官と納税者の両方を縛っているわけですね
そういうことだおかげでこっちは随分やりにくくなったんだがな
それに現場が信用されていないみたいでやっぱりイヤです
まったくだ信用できないからとりあえず法で縛っておけみたいな……
不届きな輩が事件を起こしたりするからでしょうけどまじめに仕事している者にとっては迷惑な話ですよね

ただいま
おかえりなさい
あ〜めんどくさい！参ったよまったく！
森調査官—竹宮の同期
どうしたの森君
今日税務調査の仕上げだったんだけど更正処分しなくちゃダメだったんでそのことの通告と金額と更正理由を事細かく説明しなくちゃいけないわけさ
知ってか知らずか飲み込みの悪い相手で何度も同じことを延々と説明させられてさなんて法律だ、まったく！
ははは
？具体例って何だよ
先輩お疲れ様です
具体例がいましたねこういうことですよ
ホント絵に描いたような見本ね

納税者権利憲章とは、課税・納税手続きにおける納税者の権利を制度的に保障する基本的な法律のことである。現在、我が国には、納税者の権利を保障する基本法は存在していない。税務調査の現場でしばしば見られる事前通知なしの税務職員の突然の訪問（「任意調査」）や一方的に所得を算出し納税を強要する「推計課税」など税務署等による強権的な税務行政を改めさせ、納税者の権利を守るために、手続規定の整備が求められている。

「適正手続」の法理について、園部逸夫裁判官（最高裁平成4・7・1判決）は、次のように述べている。

「行政庁の処分のうち、少なくとも、不利益処分については、法律上、原則として、弁明、聴聞等何らかの適正な事前手続の規定を置くことが、必要であると考える。このように行政手続を法律上整備すること、すなわち、行政手続法ないし行政手続条項を定めることの憲法上の根拠については、従来、意見が分かれるところであるが、上告理由は、これを憲法31条に求めている。確かに、判例及び学説の双方にわたって、憲法31条の法意の比較法的検討をめぐる議論が、我が国の行政手続法理の発展に寄与してきたことは、高く評価すべきことである。しかしながら、我が国を含め現代における各国の行政法理論及び行政法制度の発展状況を見ると、いわゆる法治主義の原理（手続的法治国の原理）、法の適正な手続又は過程（デュー・プロセス・オヴ・ロー）の理念その他行政手続に関する法の一般原則に照らして、適正な行政手続の整備が行政法の重要な基盤であることは、もはや自明の理とされるに至っている。したがって、我が国でも、憲法上の個々の条文とはかかわりなく、既に多数の行政法令に行政手続に関する規定が置かれており、また、現在、行政手続に関する基本法の制定に向けて努力が重ねられているところである。もとより、個別の行政庁の処分の趣旨・目的に照らし、刑事上の処分に準じた手続によるべきものと解される場合において、適正な手続に関する規定の根拠を、憲法31条又はその精神に求めることができることはいうまでもない。」

このように、園部裁判官は、行政処分のうちとくに不利益を受ける処分については、原則として弁明、聴聞等何らかの適正な事前手続の規定（納税者権利憲章などの規定）を置くことが必要であると述べている。

Chapter 9　調査の終了の際の手続に関する納税義務者の同意書

統括官
税理士の小野様という方がお見えです
小野が？
お知り合いですか？なんだか怖そうな人ですが
彼は元税務署員で私の同期だよ早期退職して税理士になったんだ久しく会ってなかったんだが何だろう
すぐに参りますので少々お待ちください
あ、どうも
小野、珍しいな何だいったい
おうごぶさた
元気でやっているのか
ああ何とかな

で？ 私に何か用か？
うん 実は君ンとこの調査官にえらく恥をかかされてな
恥を？ どういうことだ？
君の部下に山口という若いのがいるだろう
昨日のことだよ 私が顧問をしている会社で…
タカギ工業
その山口調査官が調査結果の内容説明をその会社の社長と経理担当の前で始めたんだが…
そこで俺のミスまで指摘されてな

顧客の前でか？
そうなんだよ事前に知らせてくれれば何とでも対処できたものをいきなり現場でさ
俺たちが若い頃はそんな不躾なことしなかったよな
信用失って下手すりゃ契約解除だよ
これが今時の若者なのかねェ
ちょっと山口君を呼んでくれ
お呼びですか統括官
まあ座れ
税理士の小野です覚えてますか
え、ええ…昨日の…

だって仕方ないでしょう
調査結果の内容説明については通則法で定められているんですから
そんなことは知っているよ
ただ事前に知らせてもらえれば……
でも小野さん同意書を提出していなかったですよね
同意書？
ええ　納税者の同意書を提出してくれていたら事前にお話しできたんですが
それじゃあ仕方ないな
渕崎…
小野
俺たちの時代とちがって今は何でも法制化されている
そうすることで調査する側もされる側も私情を挟みにくくなっているわけだ

同意書か…なんかそんなものがあったような気がするが
しかし正直そんなものいちいち出してられないよあ、うんの呼吸でわかるだろう
な、渕崎俺たちそうだったよな
だがな小野だからといって山口は別に間違っているわけじゃない
法で決められている限り彼はそれに正しく従ったにすぎないしそうせざるを得なかったんだろう
そうです法で決められている以上結果報告が義務づけられていますし
納税者の同意書がない限り第三者に内容を教えるわけにはいかない

だけど私は
顧問税理士だよ
社長が同意しない
わけがない
ないじゃ
ないか
しかしそれには
同意書が必要だと
法で定められて……
なんでもかんでも
法か！
まあそう
興奮するな
小野…
君の言うことも
わからんわけでは
ない
我々の時代は
税務署も税理士も
お互い相手の立場を
汲みながら仕事を
してきたからな
だがなそれが結局
「魚心あれば水心」というか
机の下の掛け引きとか
汚職の温床になって
きたことも確かで
いっそ法律で
規制して
情が入る余地を
なくした方が
いいということに
なったんだろう

……わかったよ……
どうやら私が時代の変化を甘く見ていたようだな
いやな思いをさせてすまなかったな山口さん
いえこちらこそ
だけどこれだけは憶えていてくれ世間にはまだまだ私のような昔気質の人間が多く仕事をしている
同意書についても最近できたものだから知らない者もいる
確かに私の知っている法人のほとんどが提出していませんね
だがなこの規定は税務当局の納税者に対する説明責任を強化するために法令化したもので
この提出書のひな型も日本税理士連合が税理士のために制作したと聞いている

そうなのか
しかし知らなければ
どうしようも
ないからな
税理士会のホームページに
届出書のひな型は
載っていますけど
もっと周知努力を
しなければいけま
せんね
これで少しは
同意書の重要性を
わかってもらえ
ましたかね
だがな山口君
法はもちろん大事だが
それは情を捨てろと
いうことじゃないぞ
むしろ
我々のような
他人に厳しい立場の
人間にこそ
情を欠いてはその
資格がないと思え
は、はい…
そうですね

平成25年1月から国税通則法等の改正が施行され、税務代理人がある場合の調査結果の内容の説明等について、次の同法74条の11第5項に、納税義務者の同意がある場合、税務代理人に対して行うことができるとされた。

「実地の調査により質問検査等を行つた納税義務者について第74条の9第3項第2号に規定する税務代理人がある場合において、当該納税義務者の同意がある場合には、当該納税義務者への第1項から第3項までに規定する通知等に代えて、当該税務代理人への通知等を行うことができる」

これを受けて日本税理士会連合会は、「調査の終了の際の手続に関する納税義務者の同意書」を作成・制定し、全国15税理士会に対し、その使用および周知を呼びかけた。

この場合における同意の有無の確認は、「調査手続の実施に当たっての基本的な考え方等について」（国税庁事務運営指針）では、次のような場合を挙げている。

① 電話または臨場により納税義務者に直接同意の意思を確認できた場合

② 納税義務者の同意の事実が確認できる書面の提出があった場合

このため、日本税理士会連合会が前述②の書面のひな形を作成したのである。当該書面は、税理士（税理士法人）と納税義務者との間で取り交わした上で、税務署長に提出することになる。

Chapter 10 行政指導か税務調査か

どうしたの？山口君　何かやっちゃった？
よくわからないけど統括官かなり怒ってるな

もう一度訊く
君がさっき
電話していた
相手は誰だ？
はい…
えーと
坂口工業の
経理課長
です
用件は？
はい、えー…
坂口工業から
提出された
確定申告書に
計算の誤りが
あったもので
中之島税務署の
山口と申しますが
そちらから提出
された申告書に
数か所計算違いが
見受けられまして
ちょっと
見過ごせない
状況ですので
税務調査に伺わせて
いただこうと……

そう言ったのか？
ええまあそんな感じのことを…
ふーん……君はいつ統括官になったんだ？
調査選定の判断をするのは統括官の仕事だ！私がいつ君にそんなことをしてくれと頼んだ!!
うわこえ〜
渕崎統括官普段は温厚だけど怒ると恐いから…
だいいち書類内容に不備のある相手に対しては税務調査に入る前に踏むべき段階があるんだ！君はそんなことも知らんのか！

行政指導ですよね 存じていますですが…
ですが… 何だ？
このことは通達にも書いてある！「調査に該当しない行為」としてな
改正版
国税通則法
納税申告書に於ける計算誤りに対しては自発的な見直しを要請した上で必要に応じて修正申告書又は更正の請求書の提出を要請しなきゃならんのだ！
通則法に詳しい山口君にしては残念な失敗ね
いやそれはわかっているんですが でもそれって変じゃないですか？

変？何が？
私は申告書を見て誤りが数か所あったんで他にもまだあると予測して調査するべきだと判断しました
しかし事前に行政指導で相手にその旨を伝えることで
調査に入る前に修正申告書を提出してきたらどうなるんですか？
どうなるってどういうことだ？
つまりこの修正申告に対して過少申告加算税を課すことができるかということですよ
過少申告加算税？

そりゃあ指導に従ったんだから過少申告加算税は課せられないだろう
じゃあその指導の時に税務調査に行くと言った場合はどうです?
え?それは…
なんか話が面白くなってきたぞ
税務調査が入るという前提で修正を提出しても過少申告加算税は免かれませんよね
まあそういうことだ

おかしいじゃないですか 同じ計算間違いで税務調査をすると言えば加算税が課せられ行政指導と言えば課せられないなんて
形勢逆転したぞ
落ちつけ山口君 我々の仕事は加算税を課することではなくてあくまでも正しい納税を促すことだ
そのためにまずは行政指導することが必要なんだ 加算税などのペナルティは課さないに越したことはない
しかしそれでは仮に相手が故意に数字を間違えていたとしても行政指導ということで調査にすら行けない
なるほどそれはそうだよな
うーんだからって…

それはどうかしらね山口君の話は何がなんでも調査ありきに聞こえるけど
指導で改善できればそれにこしたことないわけだし
でもそれは悪意を見逃すことにも継がるよ
そっちの方が問題だよ
なんにしても加算税は納税者にとって大きな問題だ
だから調査に入るかどうかの判断は慎重になるべきなんだよ
わかるな
それはわかるのですが……

過失か故意かにかかわらず行政指導で修正するのなら税務調査っていったい何なんですか？
……う〜ん
ただいま戻りました
あ おかえりなさい
矢野産業だったな どうだった？
反面調査の結果やはり売上除外の疑いがあります 統括官、調査の許可をいただけますか
これが調査のための資料です
山口君 わかった？ あれが調査決定の手順よ
ええ ええ
調査官がルールを守らないってありえないでしょ
わかりました反省しますって

適正な納税義務の履行を求めるために課税庁が納税義務者に対して行う行為としては、「調査」と「行政指導」がある。「調査」が一般的に国税通則法74条の2から74条の6までの規定にもとづいて質問検査権の行使をともない、その相手方となる納税義務者等はいわゆる受認義務を負うことになる（当該職員の質問に対する不答弁等に対しては刑罰が科される）のに対し、「行政指導」は納税義務者の自発的な意思にもとづく協力を求めるもので、納税義務者に何ら法令上の義務を負わせるものではない。さらに、「行政指導」については、74条の9から74条の11までの規定も適用されないことから、課税庁の行為が「調査」か「行政指導」のいずれに該当するのかによって、納税義務者が置かれる法律上の立場は大きく異なるのである。

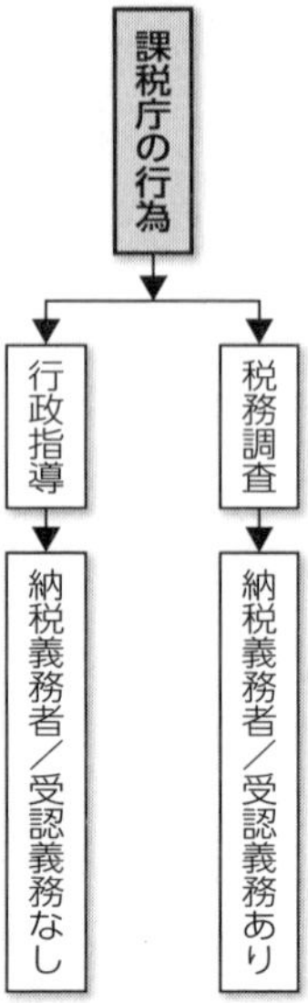
課税庁の行為
税務調査
納税義務者／受認義務あり
行政指導
納税義務者／受認義務なし

しかしながら、「行政指導」といわれる行為のうちには、申告内容に疑義が生じた事項に納税者に質問（確認）等をした場合、当該行為が「調査」または「行政指導」のいずれに該当するのか明らかでない場合が生ずる。そこで、国税通則法第7章の2（国税の調査）関係通達1-2において、「調査に該当しない行為」を具体的に示したのである。

同通達の「また、これらの行為のみ…予知してなされたものに当たらない」との文言の意味は、「調査」に該当する行為をともなわない行政指導のみが対象となる。すなわち、「行政指導」→「調査」に移行した場合には、同通達は該当しないし、また、調査の結果、修正申告の提出の勧奨（「調査」→「行政指導」）に応じたとしても、その提出は更正があるべきことを予知してなされたものに該当する。

なお、行政手続法2条6号において「行政指導」とは、「行政機関がその任務又は所掌事務の範囲内において一定の行政目的を実現するため特定の者に一定の作為又は不作為を求め指導、勧告、助言その他の行為であって処分に該当しないものをいう」と規定されている。

Column　—税務署という社会

スカートをはいた税務職員

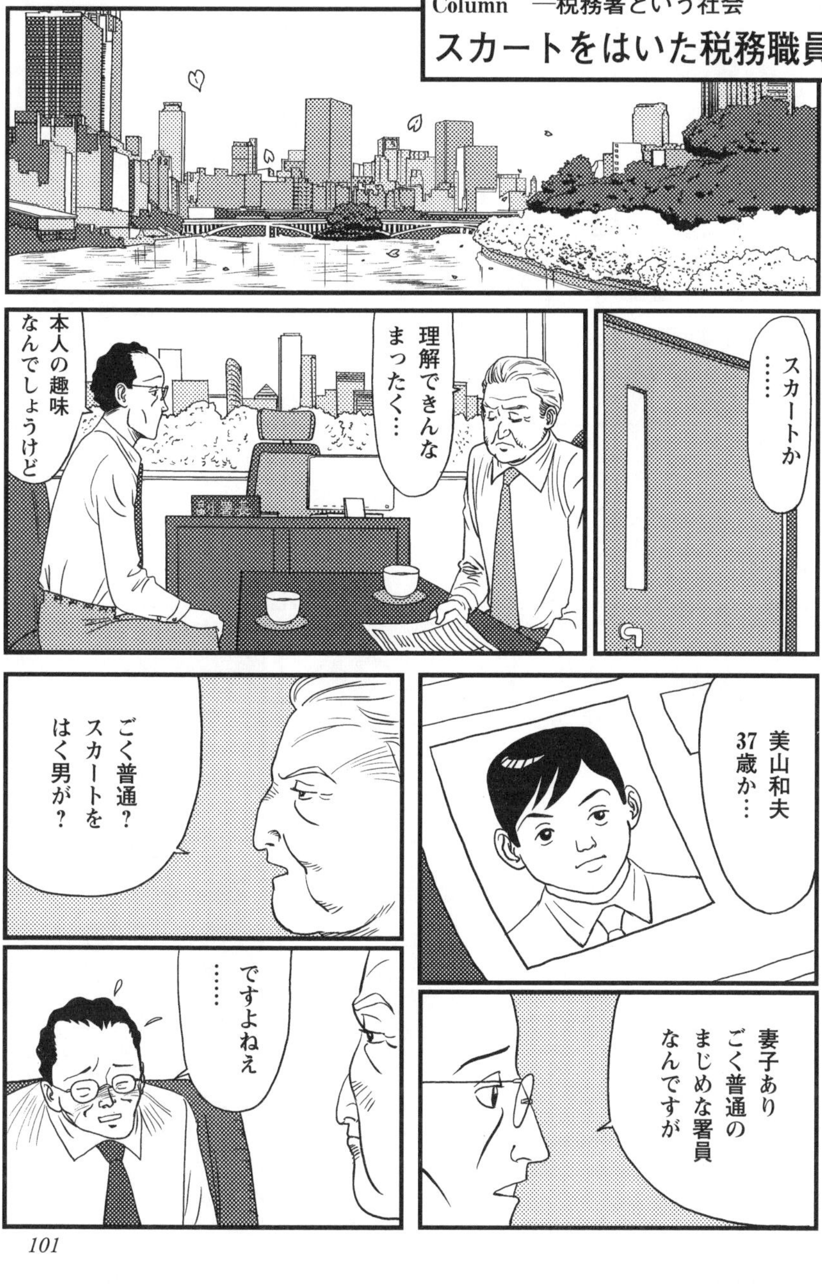
スカートか……
理解できんな まったく…
本人の趣味なんでしょうけど
美山和夫 37歳か…
妻子あり ごく普通のまじめな署員なんですが
ごく普通? スカートをはく男が?
ですよねぇ……

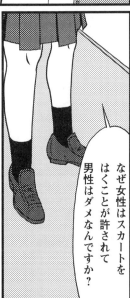

なぜスカート なんだ？
なぜって はきたいから ですよ
なぜ女性はスカートを はくことが許されて 男性はダメなんですか？
なぜって おかしいだろうが スカートは女性の 衣服…
それって 個人の価値観 ですよね
それが世間の 常識だから…
だからって 数の力で少数の 価値観を押さえつける のは暴力ですよ

これは差別…
わかったわかったやめろとは言ってないよ
ただなできるだけ納税者の目に入らないようにお願いするよ
私の立場もわかってくれ頼むよ……
う～ん難しい問題だなぁ
最近は性同一性障害の問題も世間の理解が進んでいるし男がスカートをはいたぐらいで騒ぎ立てることでもないのかなぁ
その手のタレントがもてはやされてる時代ですからね
う～ん

北新地
佐くら
お疲れさまです
ああお疲れ
副署長 実は私も幼いころ…
5歳上の姉にいたずらでスカートをはかされたことがあるんですよ
おいおい君までスカートをはきたいと言うんじゃないだろうな

じょ、冗談じゃないですよ　幸か不幸か私は目覚めませんでしたから
しかももうこの歳ですからね　想像しただけでゾッとしますよ
あ、ども…
いやあ　なかなかどうして　君なんか案外似合うかもしれないよ
いえ　もう勘弁してください
ハハハハ
昔は税務署なんていうと男社会の典型だったんだが…
男女雇用機会均等法によって税務署にも女子職員が増えて
新しい問題が色々起きるようになった

そうですね　所得税や法人税の調査部門であれば　ひとりで調査に向かうのが原則ですが
若い女子職員だと　どんな業種でも行かせられるわけじゃない
……
統括官として安全な業種の選定には悩まされますよ
しかし国税専門官の試験の成績は女性の方がいいですからねえ
そうだろうな　実際ある建設会社の調査に入った女子職員が乱暴されたっていう話もあるし
……
たしかにそうだ　私も人事課にいたから　それはよくわかっているんだが
ペーパーテストの成績と税務職員として仕事ができることは必ずしも一致しないんだよね

ところで……
美山徴収官の件ですが……
実は法人課税課で働きたいと……
法人課税課？
スカート姿で税務調査に行きたいと？
本人が言うには将来税理士になった時のために法人税の経験もしておきたいということで……
税理士試験の簿記論と財務諸表論は既に合格しているのか
彼はあれでなかなかの努力家でして簿記論と財務諸表論は署に入ってから勉強して合格しています
税務の経験年数が15年ありますから税法三科目は免除されて税理士になる資格を有しています

スカートをはいた税理士……か
そうなりますかね…
しかしそれは認めるわけにはいかないな
やはりそうでしょうね
私は職員にも人として税務署員である前に一個人であれと思っている
だからどんな格好をしようが個人の自由それをとやかく言うつもりはない
だが調査対象の納税者にとって我々は一個人ではなく税務署そのものなんだその調査官がどんな趣味だろうとそんなことは彼らには関係のないことだ
少なからず緊張した関係の中で相手に余計な感情を抱かせるような行為は調査官としての適性を欠いていると言わざるを得ない

自己表現を主張するのは結構だがそれに相応しくない場所もあるということだこれは差別じゃないよ
何も美山君に限ったことじゃない君だって私だってみんなそうやって職務に当たらなければいけないのは同じだろう
納税者にとって我々ひとりひとりが税務署だということですね
税務署員とはそういう職業だよ
全くそのとおりだと思います
彼は聡明ですからきちんと説明してやれば判ります私が言って聞かせますよ
しかし時代が進むといろんな奴が出てくるなぁ
お互いよく話し合い歩み寄る努力が大切だな
はい

COLUMN コラム

税理士試験と税理士になるルート

税理士試験は、税理士となるのに必要な学識およびその応用能力を有するかどうかを判定することを目的として行われている。

試験は、会計学に属する科目（簿記論及び財務諸表論）の2科目と税法に属する科目（所得税法、法人税法、相続税法、消費税法又は酒税法、国税徴収法、住民税又は事業税、固定資産税）のうち受験者の選択する3科目（所得税法又は法人税法のいずれか1科目は必ず選択）について行われる。なお、税理士試験は科目合格制をとっており、受験者は一度に5科目を受験する必要はなく、1科目ずつ受験してもよい。

税理士となるためには、原則として、上記税理士試験に合格することが必要であるが、弁護士および公認会計士になれば、税理士の資格が得られる（資格自動付与規定）。また、税務官公署実務経験者に対する試験免除規定もある。すなわち、23年以上、税務職員で仕事をしている場合、内部での一定の試験はあるものの、税理士試験を受けることなく、税理士の資格を取得できる。また、10年以上の税務署での勤務があれば、税法3科目は免除となる。更に、大学院で修士論文を書くと、一部試験科目が免除となる。会計学の修士論文であれば、簿記論又は財務諸表論の1科目が免除になり、税法の修士論文であれば、2科目の税法科目が免除となる。

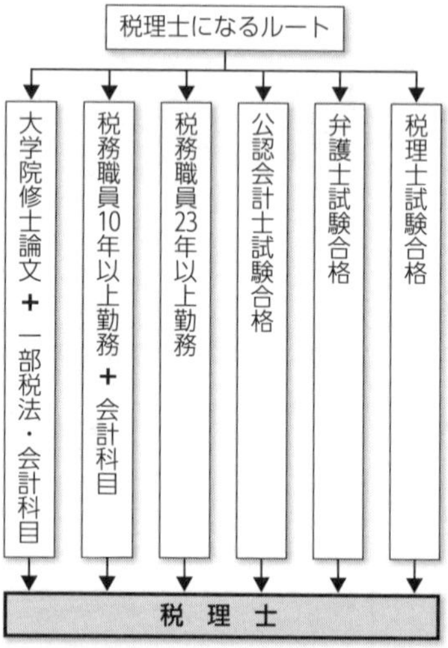

なお、平成26年度税制改正で、公認会計士に係る資格付与の見直しが行われ、税理士の資格について、一定の税法に関する研修を受講することとする旨の規定が設けられた。

Chapter 11 優良法人の税務調査①

う〜ん
山口くん ちょっと いいかな
はい？
今度私が行う調査に君も同行してくれないか
ええ いいですけど 総括官自ら調査されるんですか？
そうなんだ 我々も年間二〜三件の調査は行うことになっているからね

ああそうでしたね
部下への指示や監督も
しなきゃいけないのに
統括官も大変
ですね
まあな
管理職の辛いところだ
今回は優良法人だから
若干気は楽だが
ただ少し
規模が大きいから
君に手伝ってもら
いたいんだ
わかりました
で、いつです？
うん
それなんだが
二、三日かかり
そうなんだ
だから君の
スケジュールに
合わせるよ
いつがいいか
調整してくれ

そうですか
それじゃあ
え～と
……
来月の中旬にしていただけると比較的空いているので助かります
わかった じゃあそれで 日程組んでみる
で、どういう会社なんですか その相手
片桐産業っていう 特に問題のない 優良企業だよ
規模が大きいから 時間はかかりそう だけど 手間はかからない と思う
そうですか…… しかし統括官が わざわざ優良法人に 時間をかけなくても もっと問題のあるところに 時間を割く方が いいんじゃないですか

まったく君の言うとおりだと私も思うが中間管理職だから仕方がないよ
君も統括官になればいやでもわかるさ
そうなんですね……
とりあえず当日までに資料に目を通しておいてくれ
はいわかりました
会議室
片桐産業(kk)

税理士 吉田保
経理課長 斉藤悠司
同社長 片桐章三
片桐産業会長 片桐 仁
それではすみませんが御社の確定申告書を三期分見せていただけませんせんか
はい ですが税務署に提出している我社の申告書があるはずですがお持ちじゃないですか？
実は納税者の申告書は紛失のおそれがありますので持ち出しは禁じられているんです
なるほど ではすぐに用意します 斉藤くん
はい

経費項目と給与関係の源泉徴収簿は私が伺いますので直近の総勘定元帳を見せてください
ん？
斉藤さんちょっと
は、はい何でしょう
会社更生手続きでエステイト社の社債を損失として処理されてますね
はいそれが何か
ちょっと関連書類を見せていただけませんか

すぐ用意します 少しお待ちください
あの、何か不審な点でも？
不審というわけではないですが 雑損失六、〇〇〇万円という項目があったので一応精査しておこうと
まあ決して小さい金額じゃないのでね
六、〇〇〇万か でかいな
いや、何事もないと思いますよ 確認するだけですので

お待たせ
しました
これです
裁判所から
免除額の通知が
11月20日にあったん
ですよね
はい　そこに
六、〇〇〇万円が免除額
として記されています
しかしその後
債権者の合意を
求める書類が
ここにファイル
されています
御社の決算日は
12月31日です
よね
そうですが
それが何か

はい　債権者の合意書の結果通知は翌年の2月27日になっているんですが…
これが最終的に確定日になるのでは？
吉田さん…
待ってください　裁判所からの通知日が確定日でしょう
斉藤さん　この附箋のページのコピーをお願いします
片桐

優良申告法人は、経理内容はもちろん、過去の納付状況、代表者の納税意識等の一定の基準が必要とされているが、原則として、過去の申告事績に基づき「机上調査」に掲げる基準のすべてに該当する法人（過去5年以内に表敬を行った法人を除く）から深度ある調査の対象に選定したもので、この「深度ある調査」の結果および資料情報にもとづき基準のすべてに該当する法人が表敬（優良申告法人）の対象となる。

(1) 机上調査

① 所得金額が過去5年間の国税局管内の有所得法人の平均申告所得金額以上

② 表敬対象年度前5年間継続して青色申告

③ 継続的な期限内申告、完納

④ 7年以内の調査により法人の事業実態が的確に把握され、かつ法人税について不正計算がなく、各年度の申告漏れ割合が10％以下

(2) 深度ある調査

① 法人税について、調査年度における申告漏れ割合が、過去5年間に調査した申告漏れ割合の2分の1以下（6・5％）かつ、増差所得金額の2分の1以下（160万円）

② 消費税、源泉所得税について、各調査課税期間の追徴税額が過去5年間に調査した1件当たりの追徴税額の2分の1以下（20万円）

③ 上記以外の国税についても不正計算および多額な更正等がない

④ 追徴税額が期限内完納

⑤ すべての取引が整然かつ明瞭に記録され、帳簿および証拠書類が適切に整理・保存され、事実関係や会計処理が速やかに確認できる

⑥ 経理責任体制が確立されていて、内部牽制が機能しているなど経理組織が整備されている

⑦ 企業会計と家計が明確に区分されており、いわゆる公私混同がない

⑧ 不明朗な金融機関取引がない

⑨ 取引先など他の者の不正計算に加担又は援助していない

⑩ 使途不明金がない

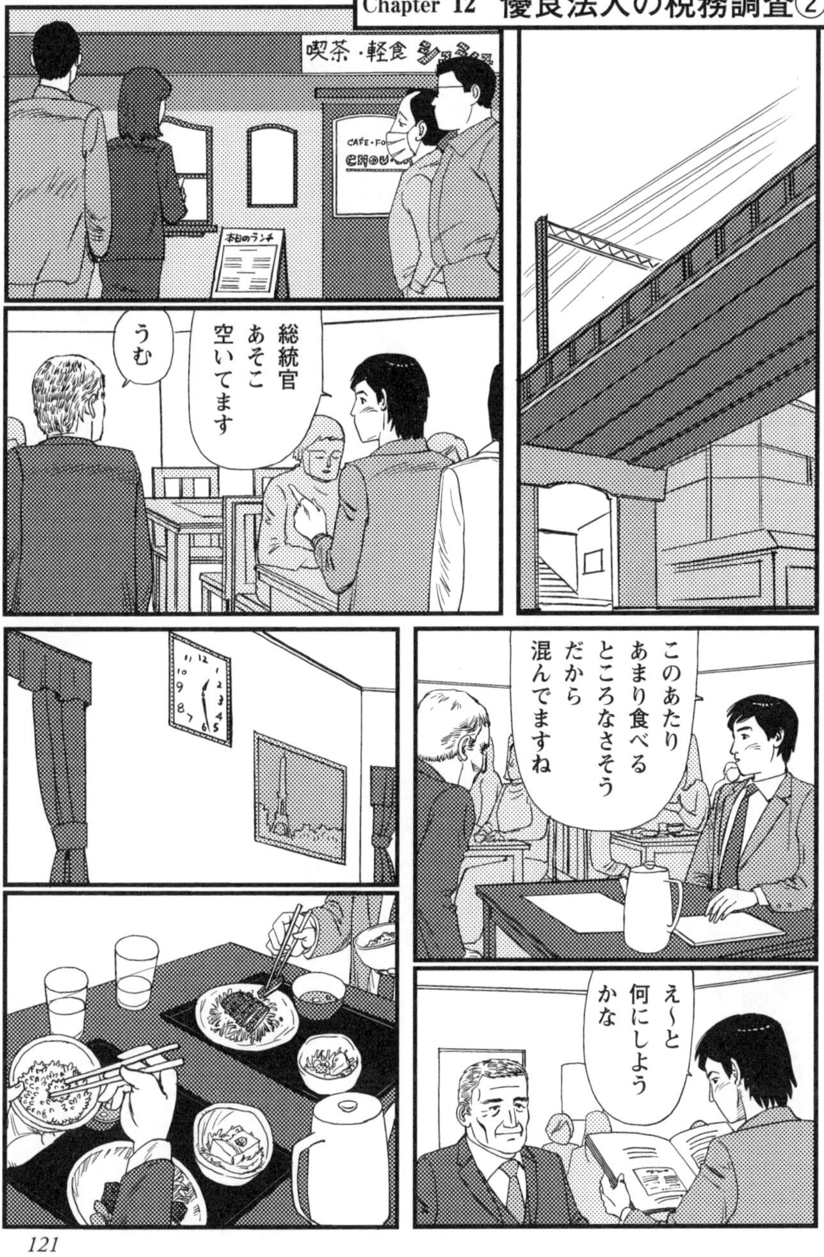
喫茶・軽食
本日のランチ
総統官 あそこ 空いてます
うむ
このあたり あまり食べる ところなさそう だから 混んでますね
え～と 何にしよう かな

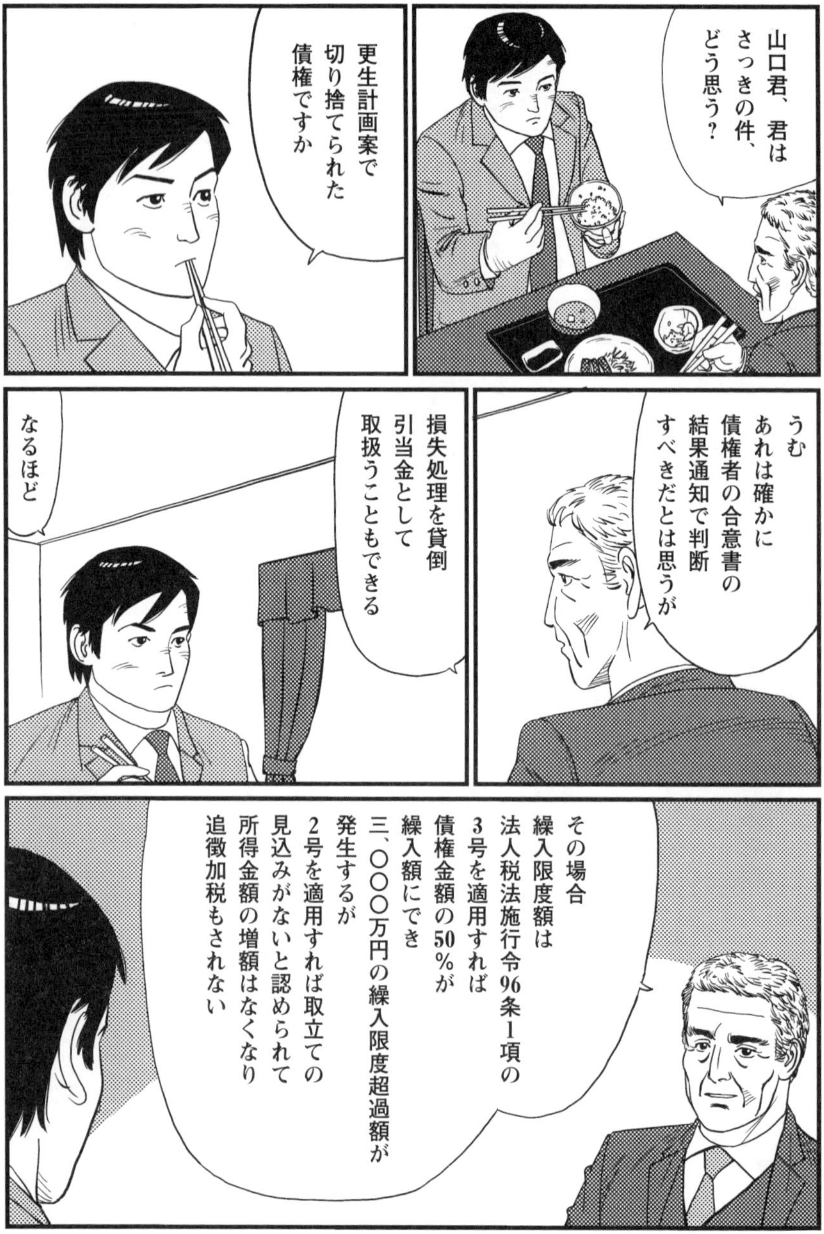
山口君、君はさっきの件、どう思う？
更生計画案で切り捨てられた債権ですか
うむ あれは確かに債権者の合意書の結果通知で判断すべきだとは思うが
損失処理を貸倒引当金として取扱うこともできる
なるほど
その場合 繰入限度額は法人税法施行令96条1項の3号を適用すれば債権金額の50％が繰入額にでき三、〇〇〇万円の繰入限度超過額が発生するが2号を適用すれば取立ての見込みがないと認められて所得金額の増額はなくなり追徴加税もされない

う～ん裁判所から
送られてきた
免除額の通知書に
書かれている金額は
2号に該当すると
言えますが…
ただ問題は
送られてきた
時期ですよねえ
そこなんだ
……

債権者の合意書の結果通知は確定申告書を提出したあとに送られてきたので…
先生にこの雑損処理を相談したときには結果通知書はまだ受け取っていなかったのです
わかりました今さら事情を伺っても仕方がない
問題は…
税務署がこの処理を法人税法施行令に照らして取り立て見込みがないと認めてくれるか否かです
まあ翌週にその金額で確定していますから認めてくれなくはないと思うのですが
それじゃ安心しても…
わかりませんすべてはあの調査官次第です

そういえば彼等
遅いですね
このあたりは
食べるところが
あまりないから
どこも混んでいる
からねえ
おそらくあちらも
この件をどう
扱うか思案に
暮れているん
でしょう
あ、ああ
そうですね
しかし幸い御社は
過去にこれといった
問題もない
優良法人です
そこのところを
汲み取ってくれれば
有難いんですが

BRooKLYN
CAFE
近ごろセルフのコーヒーショップばかりで味気ないですね
君はまだ食うのか若いなあ
債権金額の50%だと発生する所得金額は三、〇〇〇万円だ三、〇〇〇万円といえば君、大変な金額だよ

まあ悩みどころでは
ありますけど
厳密に言えば結果通
知は翌期ですからね
今回は致し方
ないんじゃないかと
……
う～ん
山口君らしい
考え方だな
確かに理屈は
その通りだ
だがな…
特に悪質な偽装
でもないし
彼等には悪意は
見られない
たまたま事業年度の
決算月にひっかかり
翌期にまたがって
しまったわけだが

気の毒なケースだと思わないか？
だからこれを理屈通りに厳しくし過ぎるのは酷じゃないかな
しかし統括官そんな前例を作ってしまうと他のグレーな案件にも甘くなってしまいませんか？
もちろんそれは本末転倒だそこはきっちり線引きしなければいけない
そのためにも一件一件の調査をしっかりやらなければいけないというわけだ
はあ……
まだ納得できないか

今回のケースは相手が優良法人だということを十分配慮してのことだ
私はね山口君相手が悪質な業者じゃない限り我々は納税者の味方でなければいけないと思うんだよ
いつか竹宮君も言っていた通り厳しすぎる判断は加算税ありきになりかねない
君はどうも熱心なあまりそうなるきらいがある気をつけた方がいいな
は、はい…
あ、もうこんな時間だ戻らないと
おうそうだった
早く帰って調査をしなければ…
そうですね

税法上、貸倒引当金は、①個別評価金銭債権の貸倒引当金と②一括評価金銭債権の貸倒引当金がある。それぞれにおいて、貸倒見込額を損金経理により貸倒引当金繰入勘定に繰り入れたときは、それぞれの繰入限度額までの損金算入が認められている（法法52）。

貸倒引当金を計上できるのは、次に掲げる法人である

①　中小法人

イ　普通法人のうち、資本金の額若しくは出資金の額が1億円以下であるものまたは資本金若しくは出資金を有しないもの（資本金の額若しくは出資金の額が5億円以上の大法人の100％子会社および相互会社を除く。）

ロ　公益法人等または協同組合等

ハ　人格のない社団等

②　銀行、保険会社その他これらに準ずる法人

イ　都市銀行、地方銀行、信託銀行

ロ　生命保険会社、損害保険会社

ハ　上記に準ずる銀行持株会社、保険持株会社、民間サービサー等

③　リース債権および一定の金銭債権を有する一定の法人

イ　リース会社、証券会社、クレジットカード会社

ロ　信販会社、消費者金融等の法人等

貸倒引当金の繰入限度額は、次のとおりである。

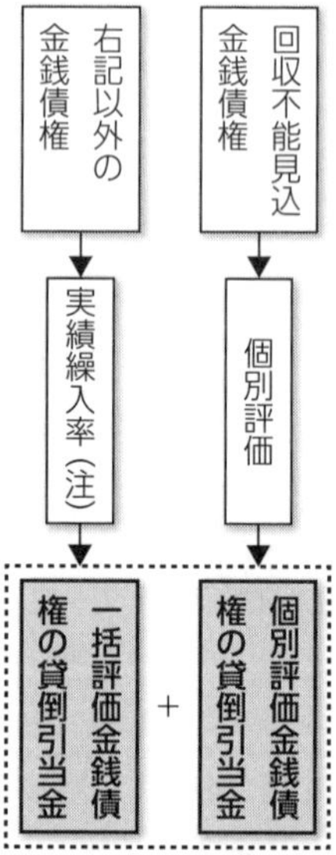
回収不能見込金銭債権
個別評価
個別評価金銭債権の貸倒引当金
＋
右記以外の金銭債権
実績繰入率（注）
一括評価金銭債権の貸倒引当金

（注）中小法人等は、法定繰入率も選択できる。

カサ…
カチャ カチャ..
Chapter 13 優良法人の税務調査③
コク…

ゴホン
ところで斉藤課長
斉藤さん斉藤さん
え……あ……
渕崎さんがお呼びです

平成27年分の領収書の綴りはどこにありますか？
平成27年ですか…少々お待ちを
すみません吉田さん
この二人のパートの方の住所が記載されてないのですが
ど、どれでしょう
斉藤課長この二人の住所わかりますか？

ええと誰と誰でしょう…
柴田さんと宮崎さんです
え、住所を書いてないんですか？すぐ調べますから待ってください
お待たせしました平成27年分の領収書です
少々お待ちを

おや？
また…今度は何だ？
何でしょう
この人途中入社ですか
年末調整をしていますね
前の会社の源泉徴収票はあるんですか？
ええとそうですね源泉徴収簿に添付していないので
本人からも出てないと思います

所得がないことは
確認済みだとは
思いますが
そうですか
しかし源泉徴収
票の提出がない場合
会社が年末調整する
んじゃなくて本人に
確定申告させる
必要があります
これは責任の所在を
明らかにするため
なんです
どうも遅く
なりました
担当者が源泉徴収簿に
住所の記載を忘れて
いたようです
あ、
どうも…
これが二人の
住所です

カサ
カタ
カタ
カタ
コホ
コホ
し…
失礼…
会長、
今日はもう
退席いただいて
結構ですよ

斉藤さん すみませんが
あ、ハイ
この付箋のページ コピーしていただけませんか
え〜と 8冊ですね わかりました
半分持ちましょうか
いえ 大丈夫です

コピーを頂いたら本日は終わりにします
あ、お疲れ様でした
お疲れ様でした今コーヒーをお持ちしますので…
ありがとうございますですがすぐに署に戻って整理をしたいので
あの…ところで損失処理の件ですが…
ああその件については
一度署に戻って再検討します

①　源泉徴収制度

源泉徴収とは、給与・報酬などの支払者（源泉徴収義務者）が、給与・報酬などを支払う際にそこから所得税などを差し引いて国などに納付する制度である。

この制度は、歳入確保および歳入の平準化ならびに納税義務者の便宜という点で優れた制度であるといわれている。源泉徴収の対象となる所得は、利子所得、配当所得、給与所得、退職所得ならびに事業所得、一時所得または雑所得となる報酬・料金等である。我が国では、戦費を効率的に集める目的でナチス・ドイツの制度にならい、１９４０年4月1日に給与への源泉徴収が始まった。この源泉徴収制度の特徴は、支払者と国の法律関係は生じるが、受給者と国との法律関係は生じない。したがって、支払者が源泉徴収の計算を誤ったとしても、その誤りを受給者は確定申告で是正できないということになる。

最高裁（平成4・2・18判決）は、受給者と国の関係について、次のように述べている。

「申告により納付すべき税額の計算に当たり、源泉徴収額の徴収・納付における過不足の清算を行うことは、所得税法の予定するところではなく、そのように解しても受給者の権利救済上支障は生じない」

②　年末調整

毎月給与などを支払う際に税額表によって所定の税額を徴収しても、年の途中で扶養親族等の数に異動があること、また、生命保険料控除や地震保険料控除などは、年末調整のときに控除することになっているため、給与の支給総額について計算した正規の年税額とは、一致しないので、その源泉徴収税額の過不足を精算する必要がある。この精算を行うことを「年末調整」という（所法１９０）。

次のいずれかに該当する者は、年末調整の対象にならない。

イ　「給与所得者の扶養控除等申告書」を源泉徴収義務者に提出していない者

ロ　その年中の給与などの収入金額が2、０００万円を超える者

ハ　年の途中で退職（死亡退職等を除く）した者

ニ　「災害被害者に対する租税の減免、徴収猶予等に関する法律」の規定により、源泉所得税の徴収猶予又は還付を受けた者

Chapter 14　優良法人の税務調査④

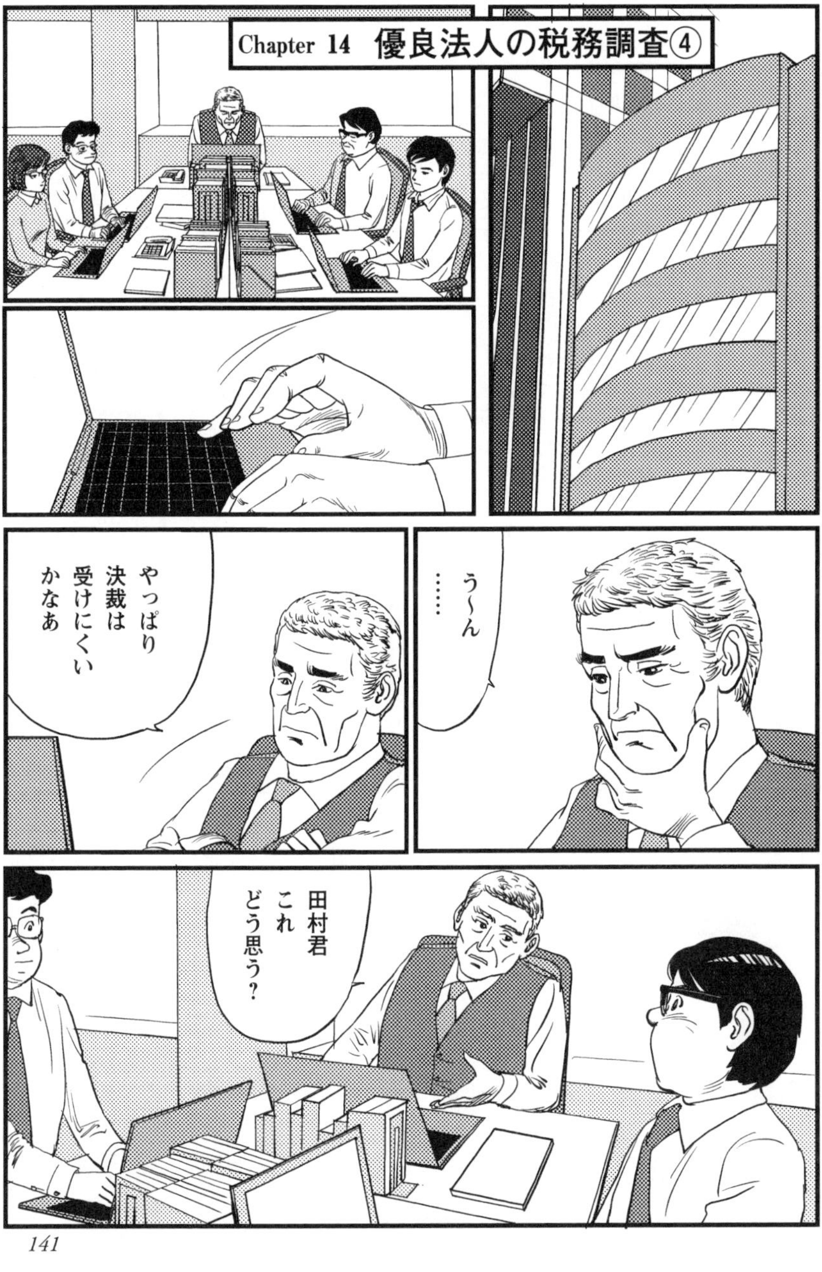

う～ん……
やっぱり決裁は受けにくいかなあ
田村君 これ どう思う？

例の更生計画案で切り捨てられた債権ですか
そう悪質なものではないし不問にしようと思うんだが
山口君にも聞きましたが優良法人ですし問題ないんじゃないですか
まぁ優良企業かどうかは別として理屈で言えば翌期に切捨てが確定しているとはいえ
法人税法に照らすと厳しいよなぁ
でも翌期にはあの損失処理が回収不能として認められますから…

そうなんだが上の決裁をもらうのが難しそうで困っているんだ
他に何も問題はなさそうだしそこのところは省略していいと思いますよ
そうか省略して上に上げるか
現場でしか判断できないことってありますよ
そのとおりだありがとうそれで優良法人として継続手続きすることにしよう
ということで山口君今回の結果を伝えに行かなければいけないから先方に連絡しておいてくれ

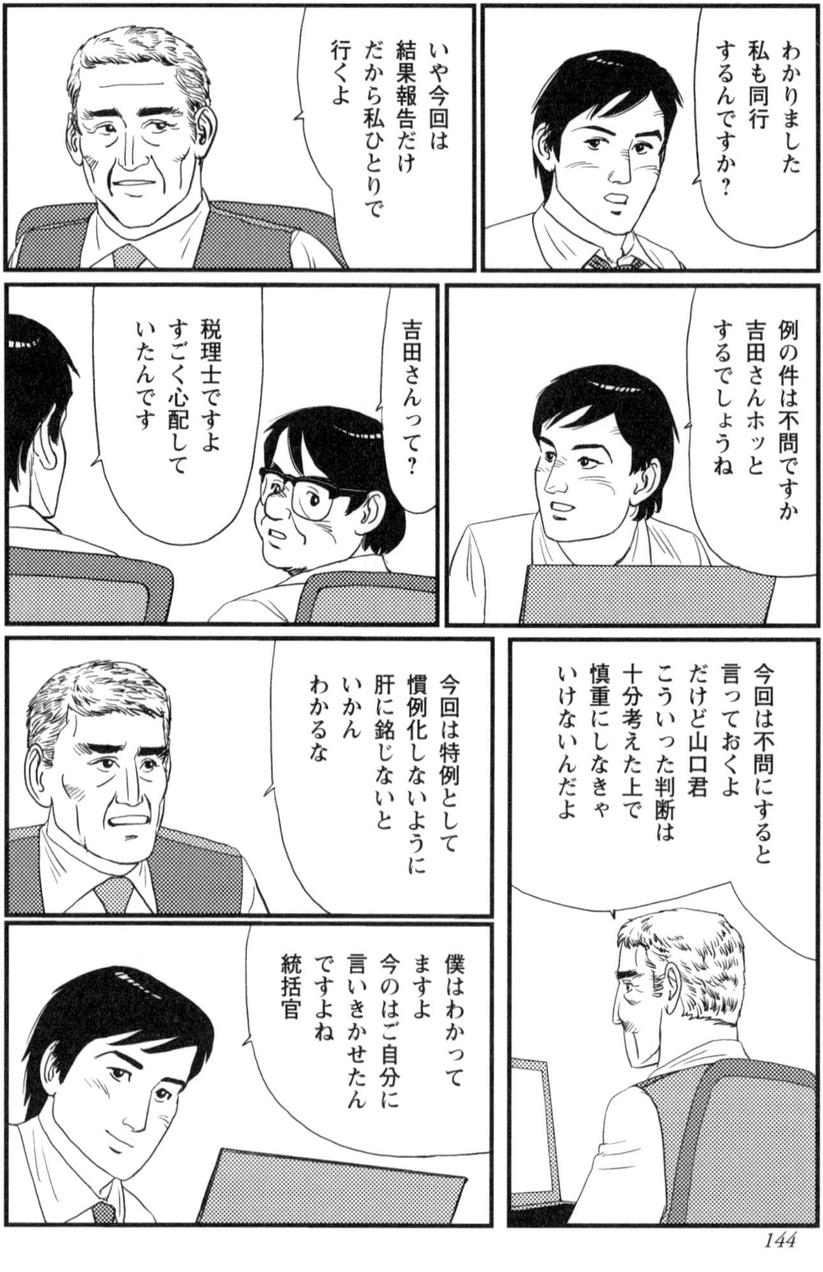
わかりました
私も同行
するんですか?
いや今回は
結果報告だけ
だから私ひとりで
行くよ
例の件は不問ですか
吉田さんホッと
するでしょうね
吉田さんって?
税理士ですよ
すごく心配して
いたんです
今回は不問にすると
言っておくよ
だけど山口君
こういった判断は
十分考えた上で
慎重にしなきゃ
いけないんだよ
今回は特例として
慣例化しないように
肝に銘じないと
いかん
わかるな
僕はわかって
ますよ
今のはご自分に
言いきかせたん
ですよね
統括官

い、いやあくまでも一般論としてだな…
クスクス
バサ…
片桐産業(kk)
まいったなこんな日に雨とはな

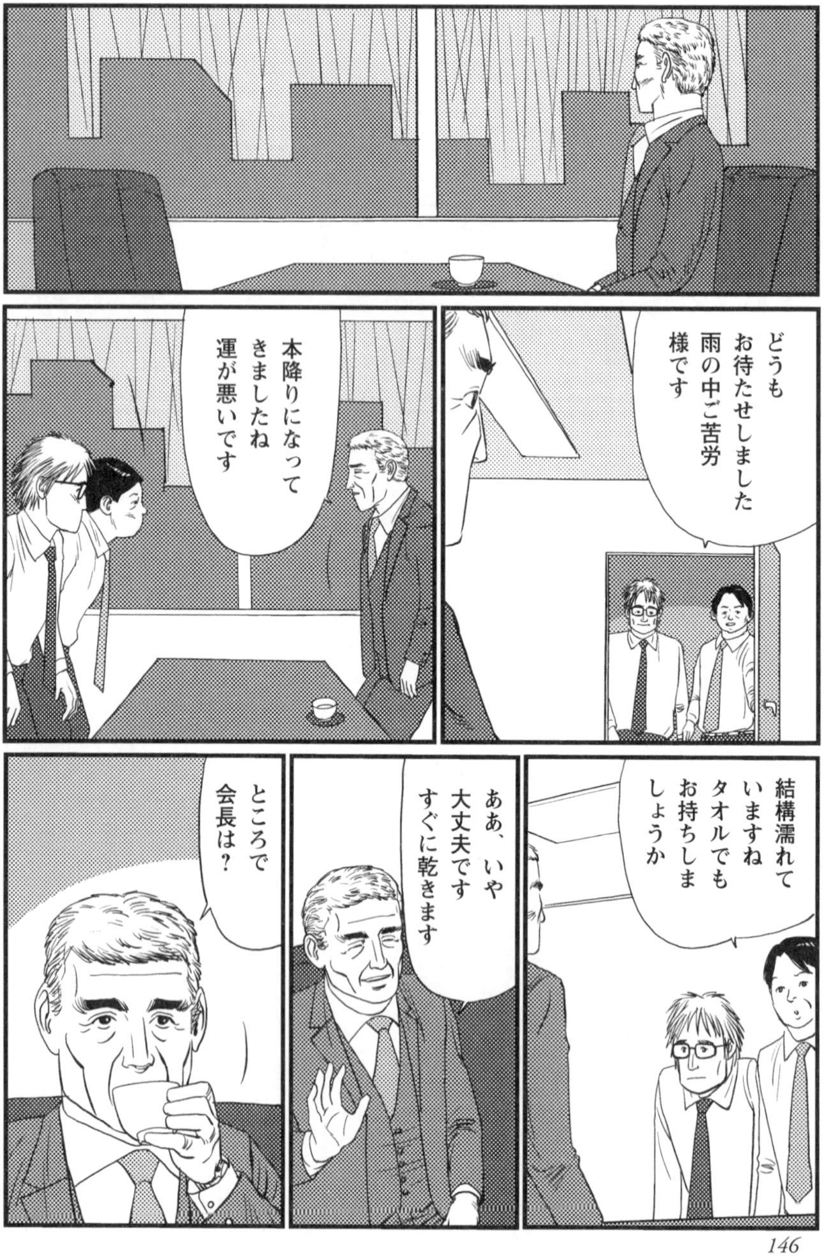
どうもお待たせしました雨の中ご苦労様です
本降りになってきましたね運が悪いです
結構濡れていますねタオルでもお持ちしましょうか
ああ、いや大丈夫ですすぐに乾きます
ところで会長は？

会長もすぐに参りますが
何か厳しいお話でしょうか
ああ、いや今日は調査の結果報告だけですのですぐに終わります
どうもお待たせしました
ガチャ…
本日はご苦労様です
では始めましょうか

は、はい…
今日は御社において三日間の実施調査をした結果のご報告です
結論から言えば…
特に問題はありません経理状況も良好で指摘すべき問題もありませんので引き続き優良法人として上申させて頂きます
どうもありがとうございますこれで一安心です

あのう ところで…
例の… 更生計画案で 切り捨てられた 債権の処理に ついては…
ご安心ください あの件については 今回は不問にします
ほ、ほんとう ですか
但し後で 会計検査院で 指摘された場合 修正してもらう ことになるかも しれません
わ、わかりました よろしくお願い します
税務調査はこれで 終わりました 後日一度うちの 署長と会って 頂きますので 詳細は追って お知らせします
片桐

日本国憲法90条1項は、「国の収入支出の決算は、すべて毎年会計検査院がこれを検査し、内閣は、次の年度に、その検査報告とともに、これを国会に提出しなければならない」と定めている。また、会計検査院は、内閣に対して、独立の地位を有している（会計検査院法1条）。

すなわち、国や国の出資する政府関係機関の決算、独立行政法人等の会計、国が補助金等の財政援助を与えている地方公共団体の会計などの検査を行い、会計検査院法29条の規定に基づく決算検査報告を作成することを主要な任務としている。作成された決算検査報告は内閣に送付され、内閣は送付された決算検査報告を国会に提出することになっている。

会計検査院は、意思決定機関である検査官会議と事務総局で組織され、検査官会議を構成する3人の検査官は国会の同意を経て、内閣が任命し天皇が認証する（認証官）。会計検査院長は、検査官のうちから互選した者を内閣が任命する。

会計検査院が行う検査には、主に「書面検査」と「実地検査」の二つの方法がある。「書面検査」は庁舎内で、検査対象から提出された計算書や証拠書類を検査するもので、これに対して、「実地検査」は、検査対象機関の事務所や事業が実際に行われている現場に出張して行う検査のことをいう。

会計検査院の検査は、次の5つの観点から検査が行われている。

①「正確性」→検査対象機関の決算の表示が予算執行など財務の状況を正確に表現しているかという観点

②「合規性」→検査対象機関の会計経理が予算や法律、政令等に従って適正に処理されているかという観点

③「経済性」→検査対象機関の事務・事業の遂行及び予算の執行がより少ない費用で実施できないかという観点

④「効率性」→検査対象機関の業務の実施に際し、同じ費用でより大きな成果が得られないか、あるいは費用との対比で最大限の成果を得ているかという観点

⑤「有効性」→検査対象機関の事務・事業の遂行及び予算の執行の結果が、所期の目的を達成しているか、また、効果を上げているかという観点

Chapter 15　優良法人の税務調査⑤

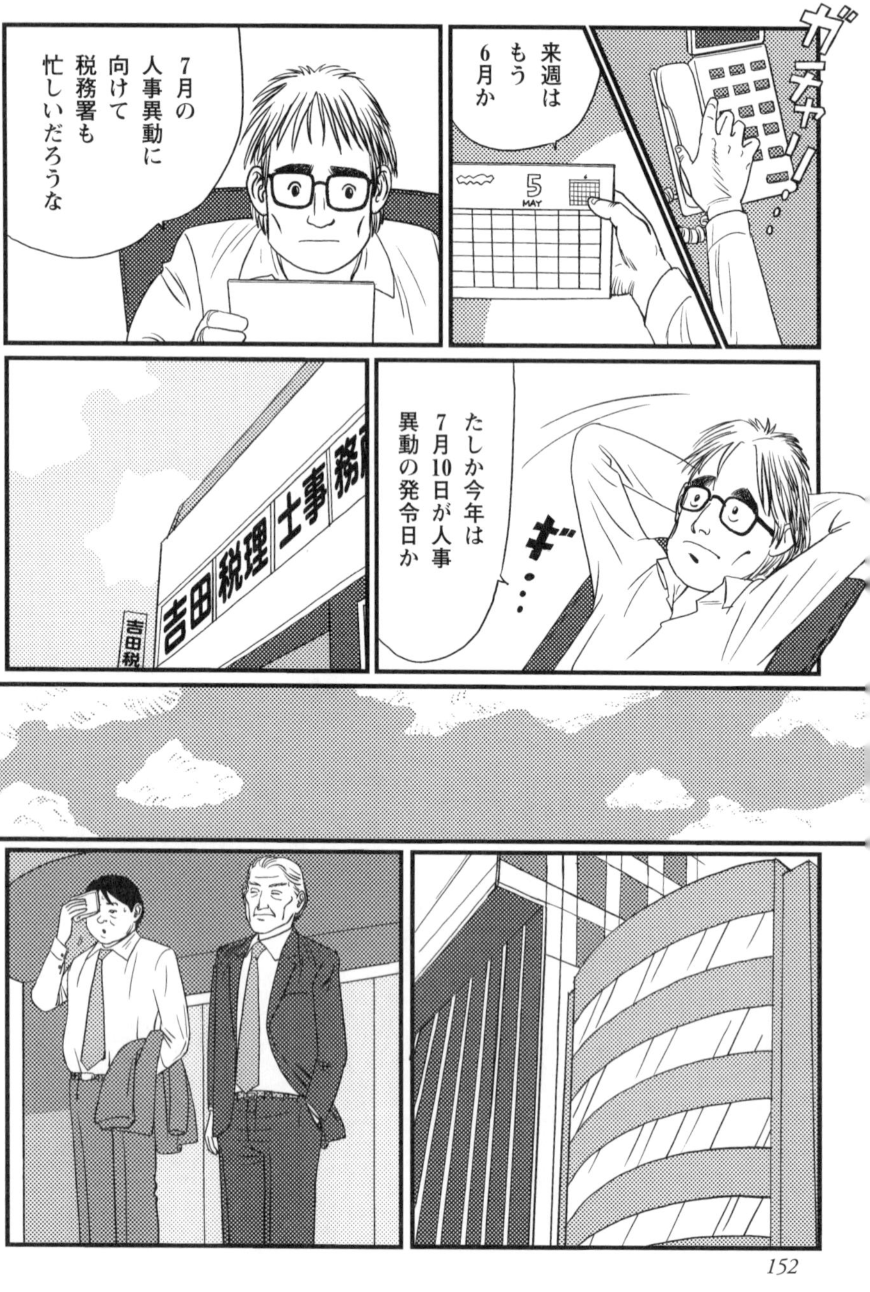
ガチャリ!
来週はもう6月か
5
MAY
7月の人事異動に向けて税務署も忙しいだろうな
ギ…
たしか今年は7月10日が人事異動の発令日か
吉田税理士事務
吉田税

どうもお待たせしました
では参りましょうか
それにしても暑いですね
ええ、まったく
会長 ネクタイ外していいですか？
ああ いいんじゃないか クールビズで税務署の職員もネクタイはしていないだろう
そうですよね 先生も外されたらどうです？

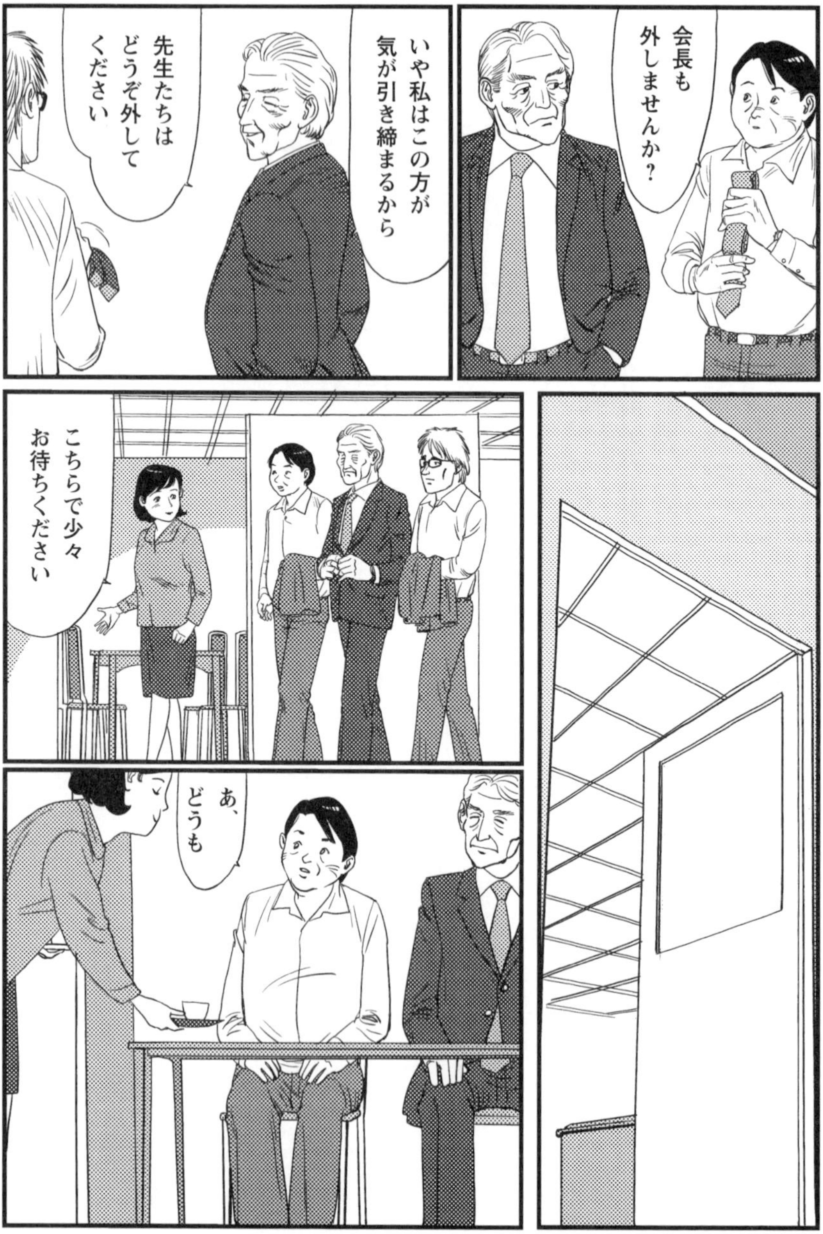
会長も外しませんか？
いや私はこの方が気が引き締まるから
先生たちはどうぞ外してください
こちらで少々お待ちください
あ、どうも

どうも
暑い中ご苦労様です
あ
どうも
署内は今
節電中ですので
エアコンも効いてなくて
申し訳ありません
総務課長に
連絡していますので
少々お待ちください
それにしても
暑いですね
待たせ
ますな
役所ですから
どうも
山口です
先日は
失礼しました
ああ
山口さん
暑いでしょ
もう少し下げても
いいと思うんですが

すぐに統括官が
皆さんを署長室に
ご案内しますので
少々お待ちください
山口さんも
この7月の異動で
転勤ですか？
あ、いや私はまだ
入署2年目なので
異動はないかと
ただこれだけは
蓋を開けて
みないとわかり
ませんから
お待たせしました
それでは署長
室へご案内
します

こちらです
コンコン
失礼します
片桐産業の会長をお連れしました
お待ちしておりました
こちらへどうぞ
失礼いたします
どうぞこちらへ

片桐産業会長
片桐です
署長の
工堂です
片桐産業
経理課長の
斉藤です
副署長の
小橋です
どうぞ
おかけください
今日はわざわざ
お越しいただいて
ありがとう
ございます
統括官からは
報告を受けています
御社には特に問題は
ないということで
署長さんはよく
焼けていらっしゃいますな
ゴルフですか？
いやお恥ずかしい
下手の横好きで

会長さんもお好きですか？
まあ多少
健康のため仕方なくやってますよ
私も同じです
署長室
はじめは緊張したけどあっけないもんでしたね
こんなもんですよ
税務署から会社に「更正決定等をすべきと認められない旨の通知書」──いわゆる申告是認通知書が送られてきたのは六月末日であった
片桐産

国税局・税務署等の人事異動の時期は、原則7月の初旬である。その1週間前に「内示」があり、その後、正式な辞令が出される。税務署等の仕事の性質上、長期間同じ税務署に勤務することは、ほとんどなく、3年から5年というローテーションで転勤が行われる。転勤先は、基本的に、各国税局の管轄内での異動となる。もちろん、他局に一定期間転勤になるケースもある。7月初旬が転勤時期であるから、税務調査もそれを前提として、税務調査の事後的な処理も6月末までに終了するようにしている。したがって、原則的に、6月に入ってから新たに税務調査をスタートさせるということは少ない。ただ、転勤を予定していない税務職員、または何らかの理由によって税務調査の必要がある場合には、税務調査が翌事業年度までかかることを想定して、税務調査が開始されることもある。

人事異動は、各税務職員の提出する身上申告書や過去の勤務成績（税務調査の実績）に基づいて行われる。これらの期間は3月末で、その後、国税局の人事課で、7月以降の人事が検討される。したがって、4月以降の税務調査は、基本的に7月の人事異動には影響しないといわれている。一般に、4月から6月に行われる税務調査は、あまり厳しくないといわれるゆえんである。

税務署長のポストには、「特一ポスト」と呼ばれるものがある。税務署の中でも特に規模の大きい、重要な税務署の署長のポストをいう。国税局の部長クラスの地位に相当し、勤務期間は、原則1年である。したがって、このポストは、就任してから1年後には、退職することが予定されているポストである。たとえば、東京国税局管内であれば、「麹町税務署」「渋谷税務署」「神田税務署」「四谷税務署」、大阪国税局管内であれば、「東税務署」「北税務署」「南税務署」「神戸税務署」などは、特一ポストといわれている。

Chapter 16　建設会社の税務調査①

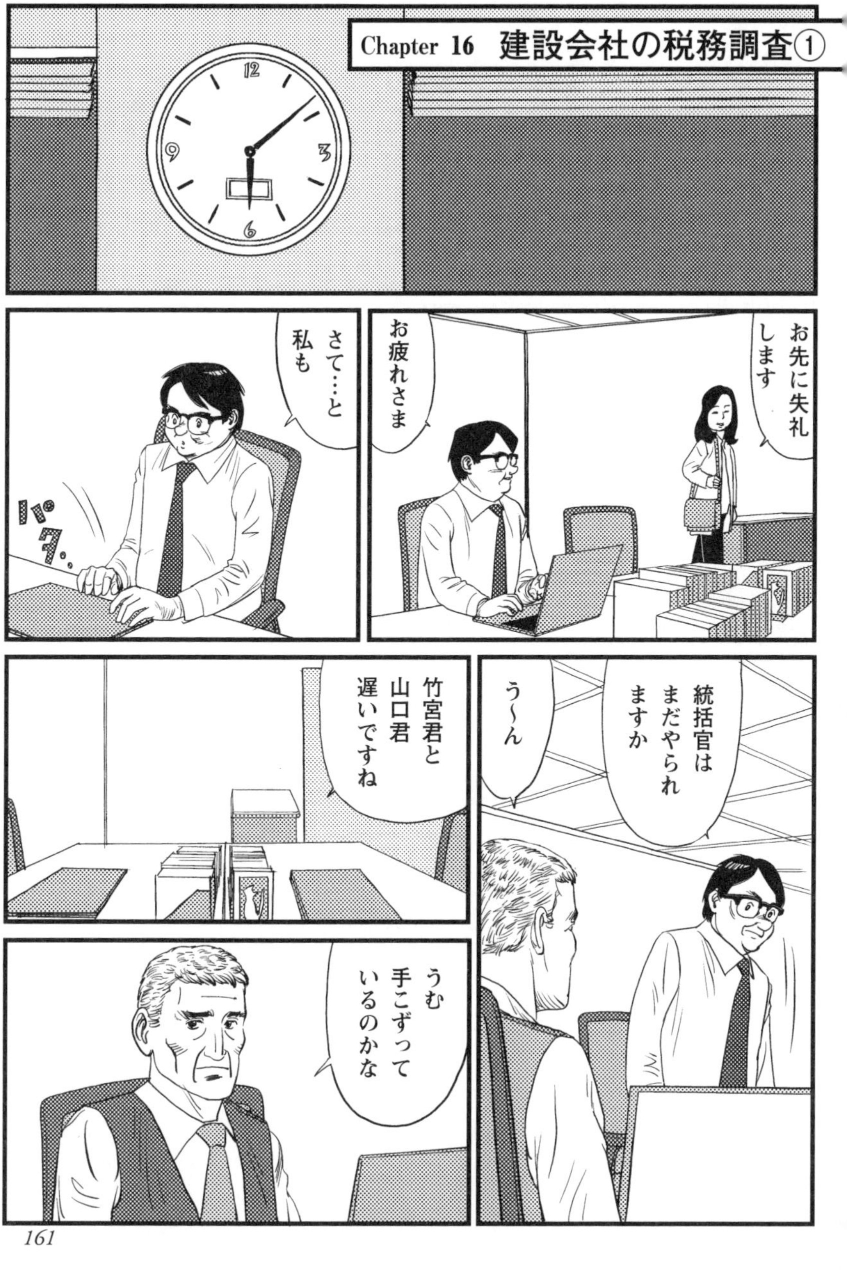
お先に失礼します
お疲れさま
さて…と私も
パタ…
統括官はまだやられますか
う〜ん
竹宮君と山口君遅いですね
うむ手こずっているのかな

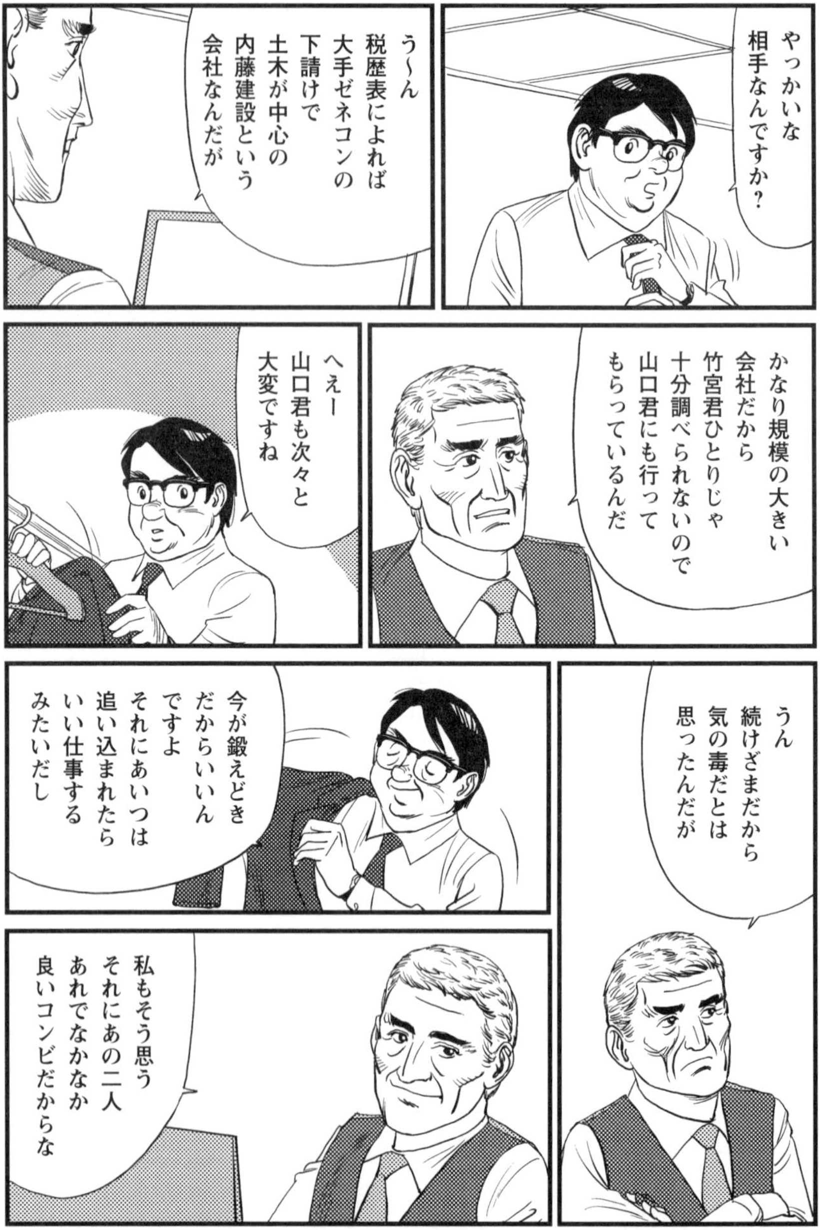
やっかいな相手なんですか?
う〜ん税歴表によれば大手ゼネコンの下請けで土木が中心の内藤建設という会社なんだが
かなり規模の大きい会社だから竹宮君ひとりじゃ十分調べられないので山口君にも行ってもらっているんだ
へぇー山口君も次々と大変ですね
うん続けざまだから気の毒だとは思ったんだが
今が鍛えどきだからいいんですよそれにあいつは追い込まれたらいい仕事するみたいだし
私もそう思うそれにあの二人あれでなかなか良いコンビだからな

まあ相変わらず生意気ですが…
遅くなりました
おかえり ご苦労さま
誰が生意気なんですか？
なんでもないよ じゃ お先に
あ、はい お疲れさま…
すみません 遅くなりまして
お疲れさま 調査に手間取ったのかい？

ええ実は帰る間際におかしな資料を見つけまして
これを見てください
会社が受注した請負い契約書のコピーなんですが
契約ではすでに完了している工事なんです
それが今期の売上に計上されていない…
ふむそれについての説明はあったのか？
それが途中で工事がキャンセルになったというんですがそれに関する資料もなくその上工事の前受金二億円はそのまま残っているんですよ

請負金額は
五億円です
そうすると当然
その中止になった
工事の内容を
調べなければ
その工事の
受注先は？
大手ゼネコン
です
それじゃあ
その大手ゼネコン
からの資料を
調べれば
工事内容が
わかるだろう
だけど
もうこんな
時間だ
明日にして
今日はもう
帰ろう

私は資料を整理してから帰りますから統括官はどうぞお先にお帰りください
竹宮さん この外注費もおかしいですよね
ちょっと見てください
……
今までこの会社で使ったことのない外注先なんですよ
丸井工務店… たしかに他には出て来ない業者ね
金額も大きいわね
外注費
¥35,000,000,—

経理担当者によると この工務店は一年前に 倒産しているとか
何それ 本当？
内藤建設って 相当利益の 出ている会社 だよ
過去5年の 売上と課税 所得の推移を 見ても 両方とも 右肩上がりだ
そうなんですよ この会社はけっこう 儲かっているんです だから何らかの利益 操作をして いると思う んですが
もっとも社長は 人手不足で人件費も アップしているとか 資材の高騰で それほど儲かっては いないと言って ますけどね
ふむ… 他に何か 見つけたものは？

ええ印紙の貼っていない契約書を見つけましたもっともこれは会社と社長の間の金銭貸借契約書なんですが
それぞれ二通作成していて一通は印紙が貼ってあるのですがもう一通は貼っていなかったんです
なにもわざわざ二通作らずに印紙の貼ってある方をコピーすれば済むことなのに
本当だな印紙税は文書課税だからな

ああ もうこんな時間だ そろそろ本当に終わらないか
そうですね あまり根を詰めると明日の業務にさわるし…
そのとおりだ 山口君も終えて食事に行こう 腹がへった
ああ いいですね まだ統括官に報告することも残ってますし
続きは食べながら話しましょう
そうですね あー腹へった
どうせなら飲めるところがいいな
お いいですね

法人の税歴表には、納税者の過去の申告データおよび税務調査などの納税者の情報が記録されている。また、納税者の資料情報等も税歴表に集められ、法人の管理や税務調査に際して活用される。納税者から提出された新しい決算情報等も規則的に税歴表に書き加えられ、税務調査では、それらの資料をベースに調査計画が立てられる。

税歴表の体裁は、B4サイズの厚手の紙を二つ折りにして、各課税部門がそれぞれ管理している。業種区分は、税歴表の色で、例えば、次のように管理されている。

色	業　種
赤	貿易業
茶	建設業
緑	卸売業
水	小売業
白	金融業

法人の税歴表では、次の事項が記録されている。

① 決算書、申告書

主要な勘定科目、申告所得の金額など過去10年間くらいの数値が記録されている。

② 過去の調査記録

過去10年くらいの税務調査事績 ↓ 否認事項、追徴税額、重加算税、異議申立の有無等が記録されている。

③ 会社の総合判定評価

法人を「第一グループ法人」「第二グループ法人」そして「第三グループ法人」に区分している。因みに、第一グループ法人は、申告内容や納税実績が良好と判定された法人で、第三グループ法人は、①過去の一定期間に不正を行った法人、②取引先等の不正に加担した法人、③暴力団関係者が絡む法人、④国税局又は税務署が重点調査業種に指定した業種に属する法人である。第二グループ法人は、第一および第三グループ法人以外の法人である。

④ その他

決算期、資本金、営業種目、主要株主、従業員数、株式の移動等が記録されている。その他に、支店、営業所の概況、会社の組織、特徴、同族会社の役員の個人的な情報（家族構成、他の所得等）が記録されている。

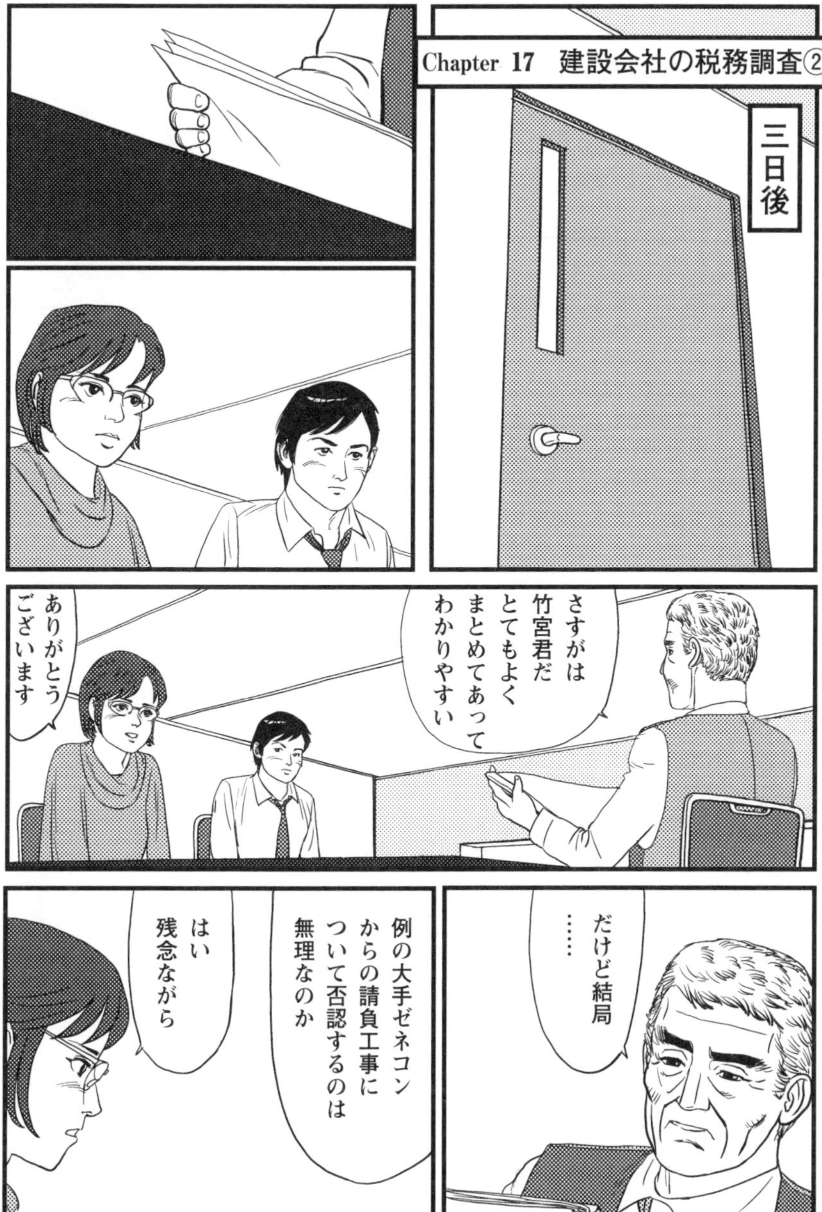
Chapter 17　建設会社の税務調査②
三日後
さすがは竹宮君だとてもよくまとめてあってわかりやすい
ありがとうございます
だけど結局……
例の大手ゼネコンからの請負工事について否認するのは無理なのか
はい残念ながら

工事は途中で終わっているのですがその経過を明らかにする資料が会社にないのでゼネコンに反面調査しようか迷っているところでして
でも工事担当者に聞くとどうやら本当に中止になったようでこれ以上時間をかけるのもなんだと思ってそのままに…
ただ預っている二億円についてはゼネコンに返すか否かを確認しなければいけませんし
結局この件については増差所得にはつながらないのではということで検討事項一覧表には載せていません
ふ〜む
なるほど
……
山口君
倒産した外注先はどうなった?
この一覧表には載っていないが

ええ 外注先の所轄の税務署に問い合わせたところ
会社は実際に存在していたのですが昨年から無申告の状態で今はその所在地には誰もいないということでした
しかしその他の外注費の中に個人で実質従業員と同様の待遇で働いている者が二人いまして…
これらの者に支払っている外注費を給与として課税することを考えています
給与として課税すれば消費税では課税仕入れにはならないということだね
もちろん源泉所得税も徴収することになる

ええそうなんです ただ…
ん？ 何か これについて 会社は納得して いないとか？
会社は雇用関係のある 従業員ではなくて あくまでも外注費であると
工事を請け負う とき工事現場で 働く者は自社の 従業員でなけ ればならない
そうでなければ その現場で働けないと いうことになって いまして
そうか、で、 その外注先である 個人の確定申告は どうなっている？
ええ それなんですが…

所轄の税務署にそれぞれ問い合わせたところ三人とも確定申告はしているのですが…
そのうち一人は事業所得として申告せず給与所得として申告しているのです
給与所得？
ええしかしたぶん本人は何も考えずに申告しているのだと思います
なんとまあいいかげんなものだな……
もちろん会社から本人に対して給与所得の源泉徴収票は発行していません
そうかそれじゃ否認は難しいな

統括官
監査役の賞与なんですけど…
これは監査役に対して三期でそれぞれ五〇万円の賞与を出しているんですけど…
会社は損金算入していたので間違いなく否認できると思います
え? 会社はどうして監査役の賞与を損金算入していたんだ?
ええ 会社は単に従業員に名前を借りただけだということです
しかし法律上監査役になっているわけですからこれは損金不算入として処理せざるを得ないですね

ふむ
そうだなあ…
他には？
あとは弁護士に
支払った報酬
一〇〇万円分の
源泉徴収漏れ
金銭消費貸借
契約書の印紙の
貼り忘れ五万円
それと
期末に貯蔵品
二五〇万円の計上
漏れがありました
貯蔵品の
計上漏れ？
はい…
それが何か？
う〜む…
計上漏れねえ…

竹宮君
それについては
会社から計上
漏れがあったと
いう確認書を
もらっておいた
ほうがいい
だろう
え？
あ、はい…
証拠力としては
あまり意味は
ないが相手に一筆
漏れがあったと
書かせておくと
心理的に後々
否定しづらくなる
それではその
一覧表を会社に
示して確認書を
提出してもらう
ようにします
なるほど
わかりました
まあ、最終的に
増差所得が
いくらになるかは
わかりませんが

そうだな この一覧表を 見せて説得する のがいいだろう あとは君たちの 説得力が 増差所得金額を 決めることに なるね
はい、しかし 修正申告をして もらっても更正の請求を されればリセットされて しまうんですよね
しかもそのことを わざわざ伝えて やらなきゃいけない
仕方ないわよ それが通則法で 定められたルールだから そういう時代よ
ハハハ 君達なかなか いいコンビじゃ ないか
ええ、山口君 これでなかなか 使えるんですよ
ちょっと 使えるって 何ですか 使えるって！

消費税の納付税額は、課税期間中の課税売上高（税抜き）に100分の6・3を掛けた金額から、課税仕入高（税込み）に108分の6・3を掛けた金額を差し引いて計算する。課税仕入高に108分の6・3を掛けた金額を差し引くことを仕入税額の控除という。課税仕入れとは、事業のために他の者から資産の購入や借り受けを行うこと、または役務の提供を受けることをいう。ただし、非課税となる取引や給与等の支払は含まれない。

課税仕入れとなる取引には、次のようなものがある。

① 商品などの棚卸資産の購入
② 原材料等の購入
③ 機械や建物等のほか、車両や器具備品等の事業用資産の購入又は賃貸
④ 広告宣伝費、厚生費、接待交際費、通信費、水道光熱費などの支払
⑤ 事務用品、消耗品、新聞図書などの購入
⑥ 修繕費
⑦ 外注費

なお、給与等の支払いは課税仕入れとならないが、加工賃や人材派遣料のように事業者が行う労働やサービスの提供の対価には消費税が課税される。したがって、加工賃や人材派遣料、警備や清掃などを外部に委託している場合の委託料などは課税仕入れとなる。

以下、「外注費」と「給与」の課税等の取扱いの相違を表にまとめる。

	外注費	給与
仕入税額控除の対象	○	×
消費税の取引区分	課税取引	不課税取引
源泉所得税の対象	×（所得税法204①は除く）	○
受給者の所得区分	事業所得又は雑所得	給与所得
定義	事業とは、自己の計算において営利を目的として対価を得て継続的に行うこと（最高裁昭和56・4・24判決）	給与所得とは、雇用又はこれに類する原因に基づき非独立的に提供される労務の対価として受ける報酬等（東京高裁昭和47・9・14判決）
社会保険の加入義務	×	○

Chapter 18　源泉徴収に係る所得税の調査①

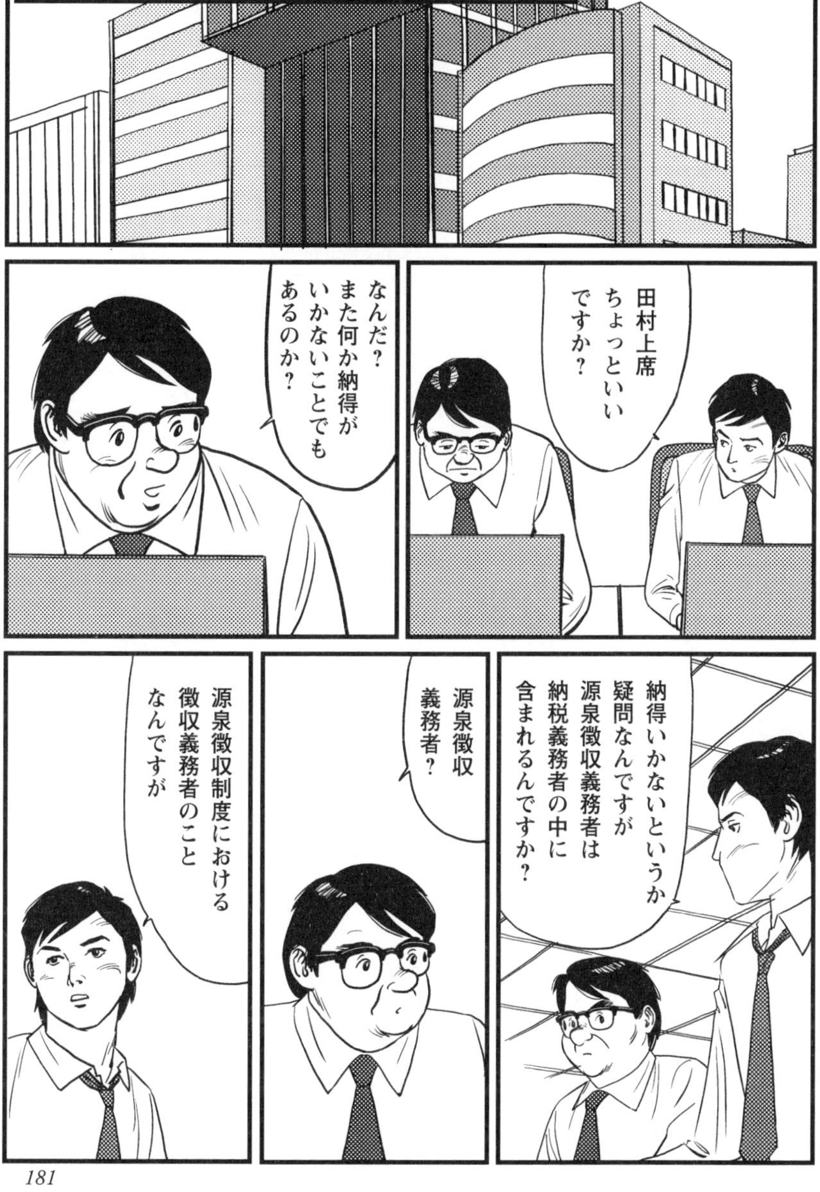
田村上席
ちょっといい
ですか？
なんだ？
また何か納得が
いかないことでも
あるのか？
納得いかないというか
疑問なんですが
源泉徴収義務者は
納税義務者の中に
含まれるんですか？
源泉徴収
義務者？
源泉徴収制度における
徴収義務者のこと
なんですが

なるほど……
ちょっと待って
パサ‥
えーと……
まあ源泉徴収制度というのはこういうことだろうな

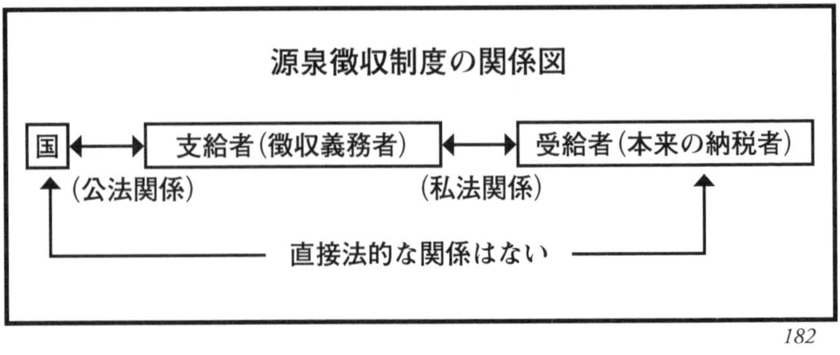
源泉徴収制度の関係図
国
支給者（徴収義務者）
受給者（本来の納税者）
（公法関係）
（私法関係）
直接法的な関係はない

つまり国と本来の納税者である受給者との間には国と支給者あるいは支給者と受給者のような法的な関係はないということだ
なんだかおかしな話ですねえ
支給者が受給者から徴収して国に納めているとはいえ実際に納めているのは受給者ですからね
納税者が徴収している国と法的な関係がないなんて
う〜ん そうだなあ
ということはですよ 国の職員である我々は納税義務者である受給者に対して税務調査はできないということですか？
いや そうではないだろう
通則法にも「所得税法の規定による所得税の納税義務のある者」となっている
だから サラリーマンなどの給与所得者も所得税の納税義務のある者に当たるから課税庁は税務調査をすることが当然できる

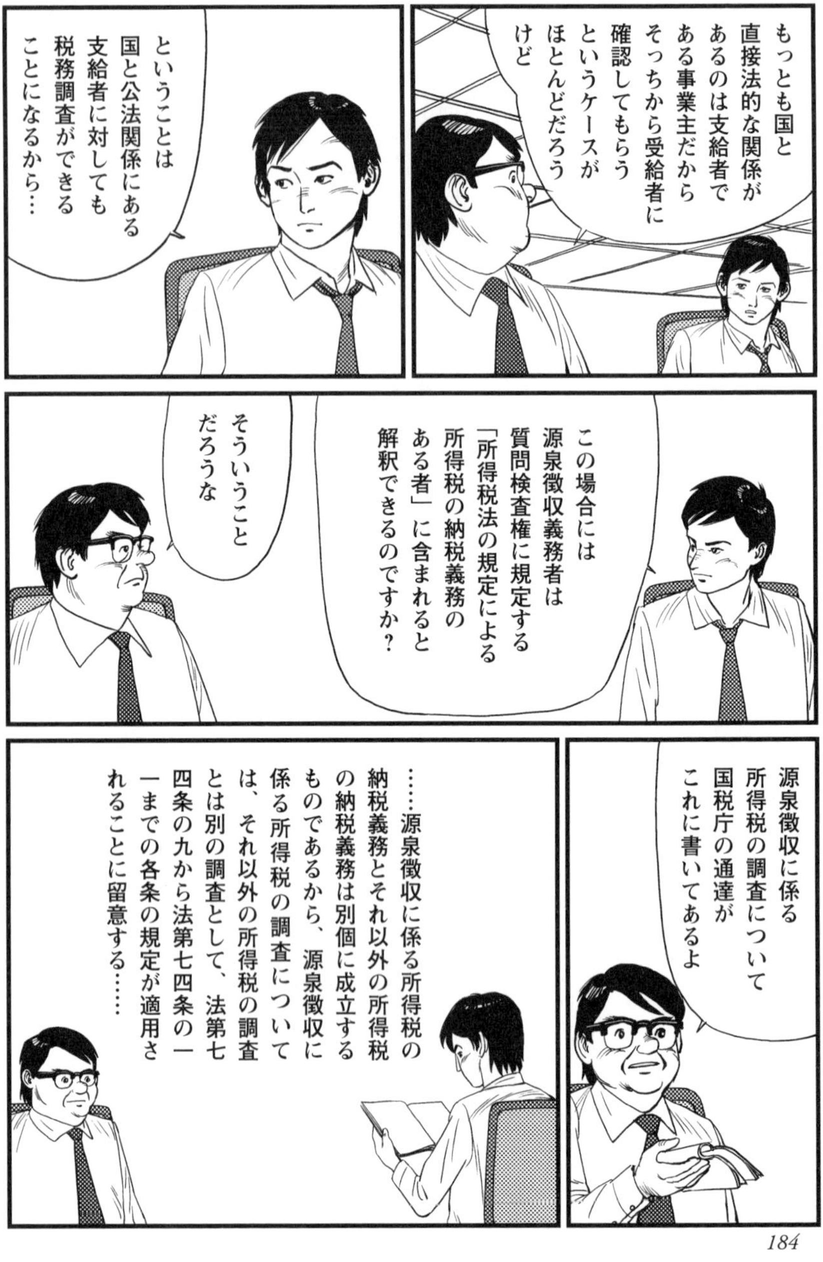
もっとも国と直接法的な関係があるのは支給者である事業主だからそっちから受給者に確認してもらうというケースがほとんどだろうけど
ということは国と公法関係にある支給者に対しても税務調査ができることになるから…
この場合には源泉徴収義務者は質問検査権に規定する「所得税法の規定による所得税の納税義務のある者」に含まれると解釈できるのですか？
そういうことだろうな
源泉徴収に係る所得税の調査について国税庁の通達がこれに書いてあるよ
……源泉徴収に係る所得税の納税義務とそれ以外の所得税の納税義務は別個に成立するものであるから、源泉徴収に係る所得税の調査については、それ以外の所得税の調査とは別の調査として、法第七四条の九から法第七四条の一一までの各条の規定が適用されることに留意する……

源泉徴収に係る所得税の調査はそれ自体独立した税務調査ということになるんですね
通達でそう明示されているからね
ただ私自身は源泉徴収制度に対する最高裁の考え方については否定的なんだ
そうなんですか最高裁は源泉徴収制度についてどのような判断をしているんですか？
ちょっと待ってええと……
ああこれだえー…

最高裁の平成四年
二月十八日の判決は
次のように述べている
……所得税法上、源泉徴収による所得税について徴収・納付の義務を負う者は源泉徴収の対象となるべき所得の支払者とされ……その納税義務は、当該所得の受給者に係る申告所得税の納税義務とは別個のものとして成立、確定し、これと並存するものであり、そして、源泉所得税の徴収・納付に不足がある場合には、不足分について、税務署長は源泉徴収義務者たる支払者から徴収し、支払者は源泉納税義務者たる受給者に対して求償すべきものとされており、また、源泉所得税の徴収・納付に誤りがある場合には、支払者は国に対し当該誤納金の還付を請求することができ、他方、受給者は、何ら特別の手続を経ることを要せず直ちに支払者に対し、本来の債務の一部不履行を理由として、誤って徴収された金額の支払を直接に請求することができるのである……
つまり国と徴収義務者との関係では公法関係にもとづいて源泉所得税の徴収納付の是正がなされるが受給者である本来の納税義務者は分断されているから受給者は是正を国に対して直接求められない……………と最高裁は考えているんですね
そういうことだ
つまり要約するとだな……

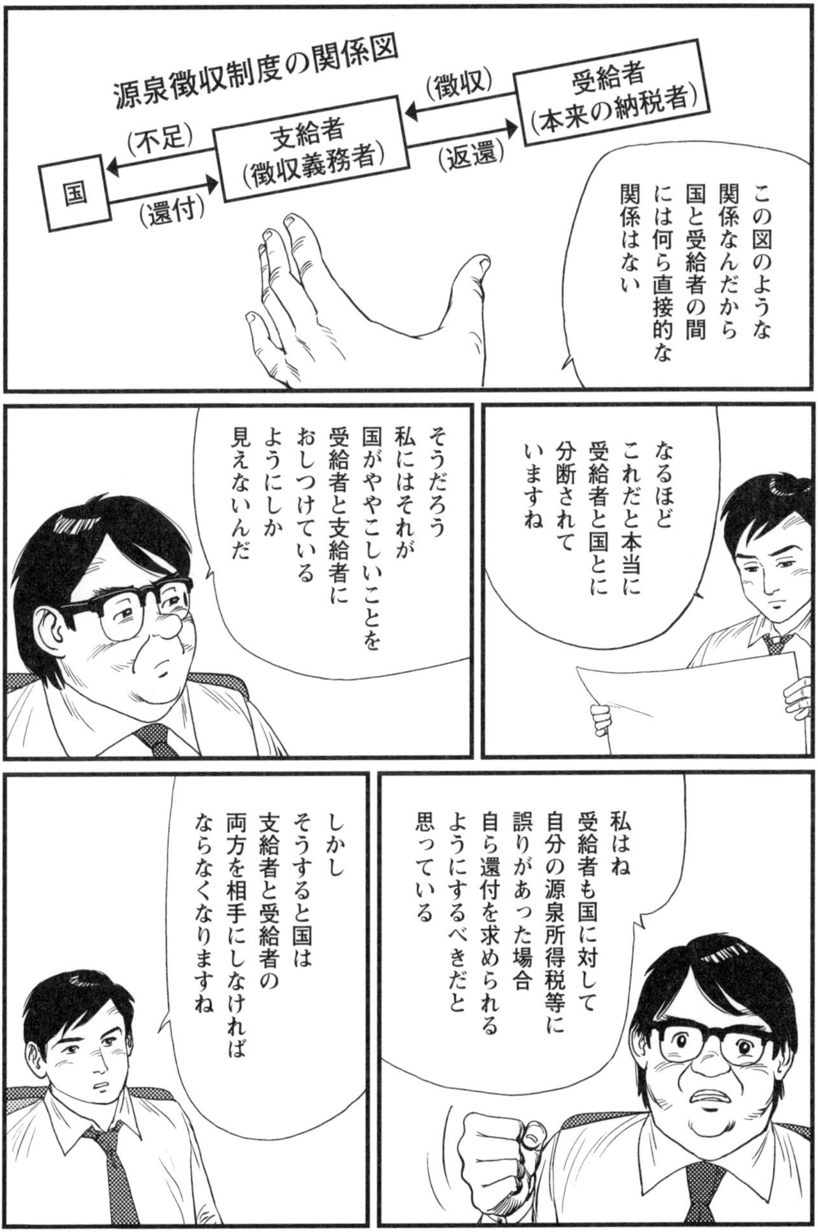
源泉徴収制度の関係図
国
（不足）
（還付）
支給者
（徴収義務者）
（徴収）
（返還）
受給者
（本来の納税者）
この図のような関係なんだから国と受給者の間には何ら直接的な関係はない
なるほどこれだと本当に受給者と国とに分断されていますね
そうだろう私にはそれが国がややこしいことを受給者と支給者におしつけているようにしか見えないんだ
私はね受給者も国に対して自分の源泉所得税等に誤りがあった場合自ら還付を求められるようにするべきだと思っている
しかしそうすると国は支給者と受給者の両方を相手にしなければならなくなりますね

それはそうだが本来はそうするべきだろう
しかしそれではかえって複雑な法律関係が生じるんじゃないですか？
だけどね元々源泉徴収制度は課税庁の（徴税上の）便宜のために設けられたもので
受給者本来の自分の税負担に対して直接国に請求できるようにするべきだと思うんだ
いつも冷静な田村上席がいつになく興奮して語る姿に気圧される山口だった

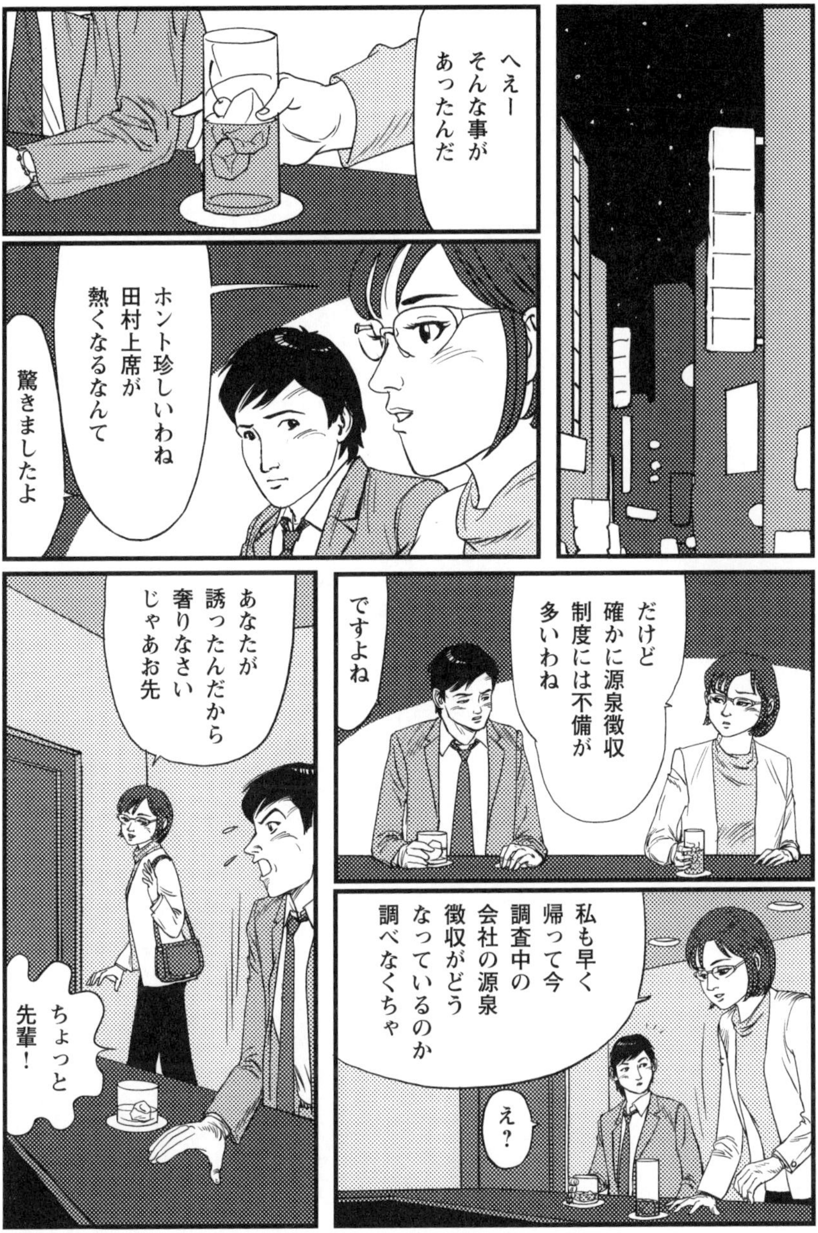
へぇー
そんな事が
あったんだ
ホント珍しいわね
田村上席が
熱くなるなんて
驚きましたよ
だけど
確かに源泉徴収
制度には不備が
多いわね
ですよね
私も早く
帰って今
調査中の
会社の源泉
徴収がどう
なっているのか
調べなくちゃ
え？
あなたが
誘ったんだから
奢りなさい
じゃあお先
ちょっと
先輩！

会社や個人が、人を雇って給与を支払ったり、税理士などに報酬を支払ったりする場合には、その支払の都度支払金額に応じた所得税及び復興特別所得税を差し引くことになっている。そして、差し引いた所得税及び復興特別所得税は、原則として、給与などを実際に支払った月の翌月の10日までに国に納付しなければならない。この所得税及び復興特別所得税を差し引いて、国に納める義務のある者を「源泉徴収義務者」という。

源泉徴収義務者になる者は、会社や個人だけではない。給与などの支払をする学校、寺院、官公庁なども源泉徴収義務者になる。

しかし、個人のうち次の二つのいずれかに該当する者は、源泉徴収をする必要はない。

① 常時2人以下のお手伝いなどのような家事使用人だけに給与や退職金を支払っている者

② 給与や退職金の支払がなく、弁護士報酬などの報酬・料金だけを支払っている人（例えば、給与所得者が確定申告などをするために税理士に報酬を支払っても、源泉徴収をする必要はない）

なお、会社や個人が、新たに給与の支払を始めて、源泉徴収義務者になる場合には、「給与支払事務所等の開設届出書」を給与支払事務所等を開設してから1か月以内に提出しなければならない。この届出書の提出先は、給与を支払う事務所などの所在地を所轄する税務署長である。ただし、個人が新たに事業を始めたり、事業を行うために事務所を設けたりした場合には、「個人事業の開業等届出書」を提出することになっているので「給与支払事務所等の開設届出書」を提出する必要はない。

給与所得の源泉徴収税額表には、「月額表」「日額表」および「賞与に対する源泉徴収税額の算出率の表」がある。源泉徴収をする所得税は、使う税額表に記載されている「甲欄」か「乙欄」又は「丙欄」で税額を求める。「給与所得者の扶養控除等申告書」が提出されている場合には「甲欄」、提出がない場合には「乙欄」で税額を求め、「丙欄」は「日額表」だけにあり、日雇者や短期のアルバイトなどに給与を支払う場合に適用する。

う～…
Chapter 19 源泉徴収に係る所得税の調査②
先輩 か、顔が 怖いです …
あ？ 誰が怖いって？
い、いえ 何でもないです ……

竹宮くんどうした？何かあったのか？
え？そんなに変な顔してました？
鬼の形相…
うるさい！
田村上席ちょっと教えていただきたいんですが
何だ？
実は今調査に行っている森本デザインの件なんですが
この会社の支払い報酬で去年の2月25日に50万円と7月16日に30万円を田中という人にデザイン料として支払っているんです
ところが森本デザインではこの報酬に対して源泉徴収をしていないんです

たしかにこれは所得税法にあるデザインの報酬に該当する支払だね
そうです
この田中という人は個人事業者かい？
はいフリーランスのデザイナーです
デザイン料の支払いが個人であれば支払者である森本デザインに源泉徴収の義務があるんだからこちらから告知処分をすればいいんじゃないか？
確かにそうなんですが…
どうした？
この件を受け取った田中さんに確認したんですが

田中さんは今年の確定申告で税金をすでに納めたと言うんです
え？納めた？
ちょっと待ってそんなことはできない筈だけど…
ここだここ読んでごらん
源泉徴収された又はされるべき所得税の額がある場合には第三号に掲げる所得税の額からその源泉徴収税額を控除した金額…となっていますね
つまりこの「源泉徴収された又はされるべき所得税の額」は所得税法の源泉徴収の規定にもとづいて正当に徴収された又はされるべき所得税の額を意味するもので……

もともと所得税法はその所得の受給者が行う確定申告の際に源泉所得税自体の過不足額の精算を行うことは予定していないんだ
上席ちょっと待ってくださいということは田中さんは確定申告においてデザイン報酬に対して税金を支払ったとしても…
源泉徴収義務者である森本デザインは源泉徴収されなかった税金を支払わなければならないんですか？
法律ではそういうことだな
でもそうするとこういう事になりますよね
つまり税務署がデザイン報酬の源泉税に対して告知処分をすると国に二重の税金が入ることになりませんか
デザイン報酬の源泉徴収の関係図
（告知処分）
（源泉税不徴収）
国
支給者
受給者
確定申告（源泉徴収不足分の精算）

それは問題だわどう対処すればいいんですか？
何度も言うようだが所得税の確定申告を行う者に対して本来されるべき所得税の源泉徴収がされない場合またはその税額に不足がある場合であっても
その確定申告の際に源泉徴収漏れの税額が同人から直接徴収されることはない
だから元々受給者である田中という人が間違った確定申告を行なっているのだからよって税務署としてはそれに本来なされるべき告知処分ができないということはないんだ
それはすなわち田中さんがした間違った確定申告は無視すればいいということですね
その上で森本デザインに対して告知処分をする……
ちょっとそんなのダメよ二重課税の確信犯じゃないの！

ところが竹宮くん
これについては
山口君の言う
とおりなんだよ
田村上席
……
元々所得税法二二一条において
徴収義務者がこの場合の
森本デザインがその所得税を
納付しなかったときは税務署長が
その所得税をその者から
徴収することを規定し
さらに同法二二二条では
同法二二一条の規定により
徴収義務者が税務署長から
徴収された所得税の額の全部
または一部につき源泉徴収を
していなかった場合には
その徴収される
べき者に対して
その所得税の金額に
相当する金額の
支払いを請求する
ことができることに
なっている

そして国税通則法三六条は源泉徴収による国税でその法定納期限までに納付されなかったものを徴収しようとするときは
税務署長は納付すべき税額納期限および納付場所を記載した「納付告知書」を送付して納税の告知をしなければならないと書かれている
ついでに言うと源泉徴収所得税の納税義務は源泉徴収をすべきものとされている所得の支払いの時に成立し
その成立と同時に特別の手続きを要しないで納付すべき税額が確立するものなんだ
つまりこの場合森本デザインが田中さんに報酬を支払う際に源泉徴収をすることが唯一の納税方法だったと
そういうことだ

しかしそれをしなかった場合の税額の調整が本来の納税者と税務署の間ではできないなんておかしいですよ
僕もそう思います大体田中さんも森本デザインも納税者でしょう納税者に税金を徴収させるというシステム自体間違っている気がします
本来国が行うべき仕事を納税者に肩代りさせているから話がややこしくなっているんじゃないですか？
まあ落ちつけ二人とも君たちの言い分はもっともだ　だから私は源泉徴収制度には問題が多く改正されるべきだと思っている
しかし現在のところ租税法律主義にある「合法性の原則」に則って我々税務署員は法律で定められたとおりの税額を徴収する義務があるんだ

合法性の原則とは、租税法は強行法規であるから、課税庁は、法律で定められたとおりの税額を徴収する義務を負い、課税要件が充足されている限り、租税の減免又は不徴収などの裁量の余地はないというものである。

「納税義務の成立、内容はもっぱら法律がこれを定めるものであって、課税庁側と納税者側との間の合意又は納税者側の一方的行為によって、これを動かすことはできない」(最高裁昭49・9・2判決)

合法性は、法的正義(Leagal justice)とも呼ばれるが、「法的な形式さえとれば、どのような政策目標の追求も正当化できる」(法実証主義)との考え方がある。なお、法実証主義は、正当な権限を持つ機関が一定の手続に従って制定した法律は、その内容の如何を問わず、法的効力を有し、国民を拘束すると考える。したがって、「悪法もまた法なり」ともいわれる。

例えば、大阪地裁平成7年10月17日判決で、旧租税特別措置法69条の4を適用して、争われた事件がある。同条文は、相続開始前3年以内に取得した土地等又は建物等について取得価額で評価するという規定であったが、バブルが崩壊し、土地の価額が下落したときに、相続税の申告に際して取得価額で土地等を評価すると、相続税額そのものが相続開始時の土地の時価を超えることがある。しかし、法律が存在する限り、税務職員は同条を適用して課税を行わなければならないのである。当該大阪地裁では、納税者が勝訴し、その後、同条は廃止された。大阪地裁の判決の要旨は、次のとおりである。

「土地の実勢価格が取得時に比べて相続時には半分以下に下落している場合に、租税特別措置法69条の4(相続開始前3年以内に取得した土地等又は建物等についての相続税の課税価格の計算の特例)の規定を適用して、相続財産につき取得価額をもって相続税を課税することとすると、納付すべき相続税額が相続時の相続財産の実勢価格をも上回るという不合理な結果となり、憲法違反(財産権侵害)の疑いが極めて強いと言わなければならず、仮にこの考え方が容れられないとしても、少なくともこの特例を適用することにより著しく不合理な結果を来すことが明らかな特別の事情がある場合にまでこれを適用することは法の予定していないところと言うべきであるから、本件にこの特例を適用することはできず、その評価は原則に返って相続税法22条に従いその時価によるべきこととなる。」

だけど
ということは…
こういう場合も
考えられますね
例えば…
もしも支給者である
徴収義務者が
受給者に対して
源泉所得税を徴収
しなかった場合でも
受給者は
本来支払うべき
源泉所得税も
確定申告から控除
することができるん
ですね
ふむ
そういうことに
なるな
しかしそうすると
もし支給者から
源泉所得税を
徴収できなくなったら
永久にその税金は国庫に
入らないということですか？

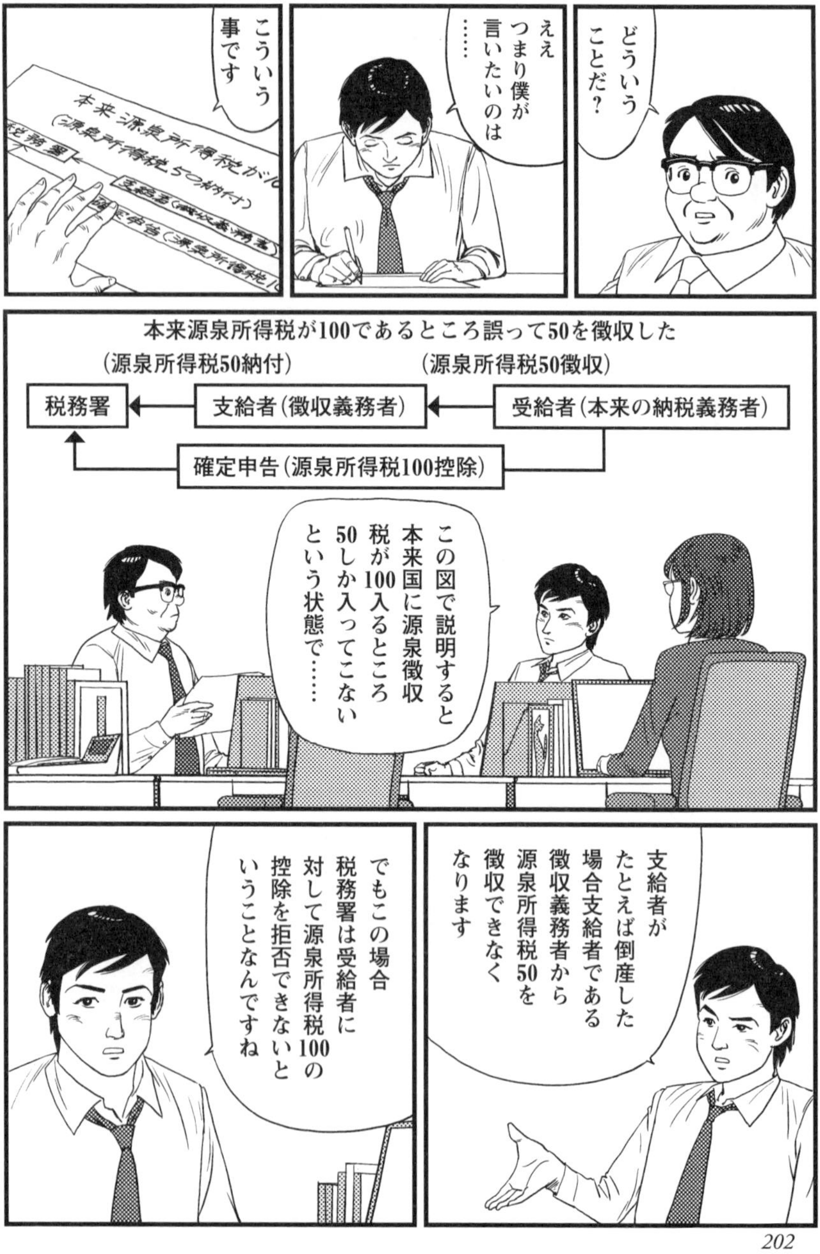

どういうことだ？
ええ
つまり僕が言いたいのは……
こういう事です
本来源泉所得税が100であるところ誤って50を徴収した
(源泉所得税50納付)
(源泉所得税50徴収)
税務署
支給者(徴収義務者)
受給者(本来の納税義務者)
確定申告(源泉所得税100控除)
この図で説明すると本来国に源泉徴収税が100入るところ50しか入ってこないという状態で……
支給者がたとえば倒産した場合支給者である徴収義務者から源泉所得税50を徴収できなくなります
でもこの場合税務署は受給者に対して源泉所得税100の控除を拒否できないということなんですね

君の言いたいことはわかるよ確かに確定申告で控除する源泉所得税を100から50にすれば簡単に解決しそうだけど源泉所得税制度ではそれはできなくなっている
ちょっと待てよ ええと…
これだ ここにこんな判例がある 平成四年二月十八日の最高裁判決だ
………源泉所得税と申告所得税との各租税債務の間には同一性がなく源泉所得税の納税に関しては国と法律関係を有するのは支払者（支給者）のみで受給者との間では直接の法律関係は生じない
上席、支給者が源泉所得税を徴収納付していないのに受給者が確定申告においてその徴収納付されていない源泉所得税を控除できるというのは私もいかがなものかと思いますけど

先輩もそう思うでしょう 結局このケースでは源泉徴収の50は国税庁には入らないから 国の損失じゃないんですか
そうだな 本来の納税義務者である受給者が 目の前にいながら納めるべき 所得税を徴収できないんだ こんなおかしな ことはないいな
どうしてこんな おかしなことに なってしまったん でしょう
国と受給者との 間には「所得税」と いう債権債務関係が 発生しているのにも かかわらず 「源泉徴収制度」が それらを邪魔してい るのさ
この制度は それほど不備の多い 杜撰な制度なんだよ
だから私は そういう不備を正して この制度を改正する 必要があると思っている

そうだ
ちょっとこれを
見てください
これ、国税庁の
ホームページから
プリントアウトした
「最近10年間の動き」
なんですが
ここには源泉徴収に
ついてこう書かれて
います
「……この確定申告に
より納付する所得税
のいわば前取制度と
言え支払の際に徴収
された源泉徴収所得
税は原則として確定
申告により精算され
るのである……」
そこに書いてあるように
源泉徴収制度が前取制度
であればその税額が十分で
なければ確定申告で是正
させることも可能かと
思うんですが
確かにそういう
考え方もあると
思う
しかし何度も言うようだが
最高裁が述べているように
国税通則法や所得税法から
は国と受給者との間では源
泉所得税の是正つまり精算
はできないようになってい
るんだ

つまり総ては源泉所得税と申告所得税との各租税債務の間に統一性がなくそれぞれ別個の債権債務だってことが壁になっているわけですね
まさにそのとおりそこに問題があるから一向に解決しないいんだ
そうですかどうしようもないんですかねえ
でも山口君が指摘するケースっていうのは結構多いのかもしれないわねということは国はかなりの損失を被っているのかもね
私もそう思うここに国税庁の統計年報書があるんだが
平成26年分の源泉徴収額は一六兆四〇七〇億円でそのうち九兆七八二億円が給与所得になっている

そんなに
それってかなり大きいですね
いやピーク時の源泉徴収税額は二〇兆円を越えている
二〇兆!?
平成三年から五年だからちょうどバブルの終わり頃だな
源泉徴収額が一六兆円であっても源泉徴収の漏れが仮にその一%だとしたらそれだけで一六〇〇億円の源泉徴収漏れになる
先輩これって看過できる額じゃないですよ
わかってるわよ そんなに大きな声出さなくても

田村上席！
落ちつけ山口君 だから以前にも 言ったように 私はこの源泉徴収 制度には不備が 多すぎると思っている
まあ今の話を聞けば 税務署員なら 全員そう思う でしょうね
一二〇〇億ですよ！ たしか平成二十八年度の 税制改正で創設された 「スイッチOTC薬控除」 によって
三〇億円の税収が 減少すると言われていますが 源泉徴収漏れはその四〇倍 匹敵するということ ですよ
上席 山口君の言うように 確かに看過できる 額じゃありませんね

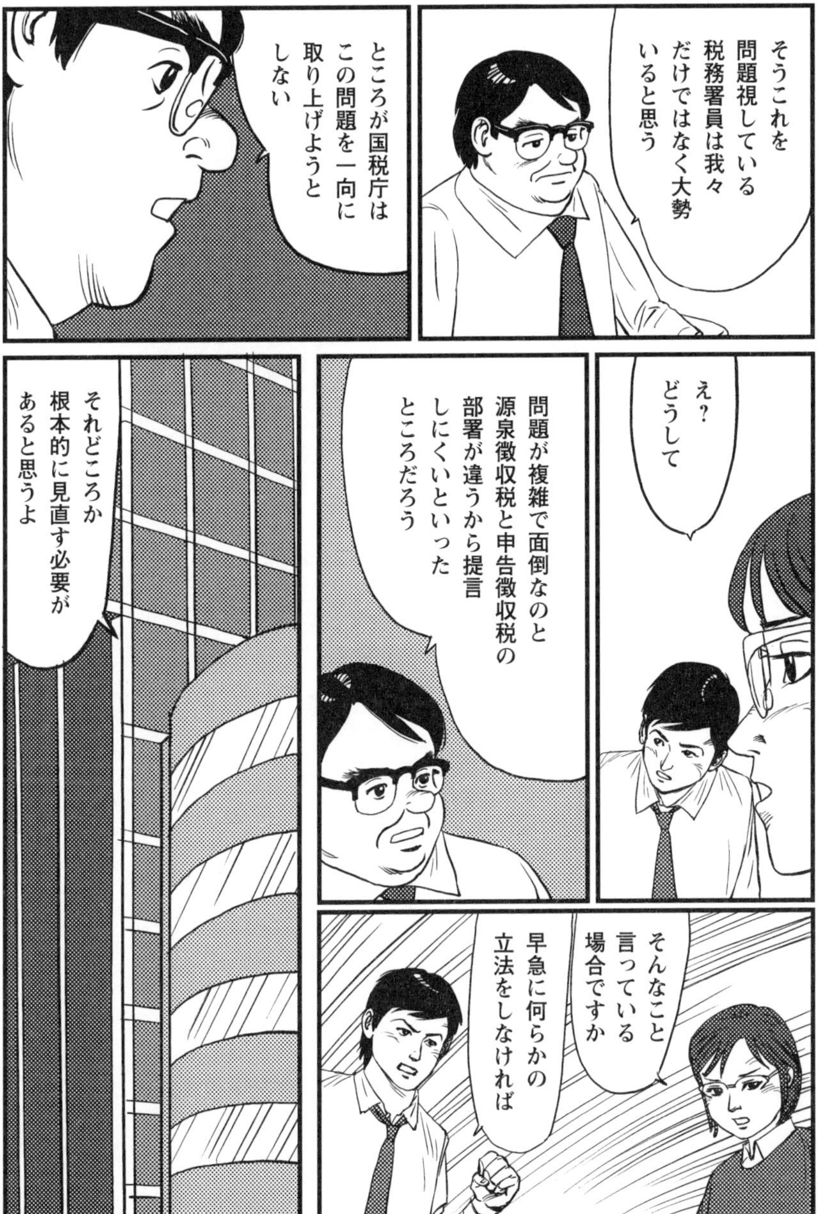
そうこれを問題視している税務署員は我々だけではなく大勢いると思う
ところが国税庁はこの問題を一向に取り上げようとしない
え？どうして
問題が複雑で面倒なのと源泉徴収税と申告徴収税の部署が違うから提言しにくいといったところだろう
そんなこと言っている場合ですか
早急に何らかの立法をしなければ
それどころか根本的に見直す必要があると思うよ

「国税庁統計年報書」は、国税に関する基礎統計として、国税の申告、賦課、徴収およびこれらに関連する計数を提供し、併せて租税収入の見積り、税制改正および税務行政の運営等の基礎資料とすることを目的としている。この年報は、「第一回大蔵卿年報書」が明治9年に刊行されて以来、「主税局統計年報書」、「国税庁統計年報書」とその名称を変えて現在に至っている。

統計表としては、次の税目等がある。

① 直接税 → 申告所得税、源泉所得税、法人税、相続税、贈与税
② 間接税 → 消費税、酒税、間接諸税
③ 国税徴収・国税滞納・還付金
④ その他 → 不服審査、訴訟事件、直接国税犯則事件（査察事件）、間接国税犯則事件、資料収集、税務相談、税理士、電子帳簿保存法にもとづく電磁的記録による保存等の承認状況

「国税庁統計年報書」のはじめに「概要・租税及び印紙収入・租税負担率」の項目があり、その中に各税目の税収が示されている。

（単位：百万円）

税目		徴収決定済額（本年度発生分）
所得税	源泉所得税	16,226,296
	申告所得税	2,924,955
	合計	19,151,251
法人税		11,911,870
相続税（贈与税含む）		1,959,315
消費税及び地方消費税		18,181,056
酒税		1,249,688
揮発油税		2,437,211

（調査期間：平成26年４月１日から平成27年３月31日）

Chapter 21　印紙税の税務調査と「印紙税不納付事実申出書」

はい 順調に進んで います この分だと 明日までには まとまるかと
そう 助かるよ まだ頼みたい ことがあるから
森君と山口君って 珍しいとり合わせね
浪速建設は 規模が大きいから 手伝ってもらって いるんだよ
森さん ちょっとお尋ね したいんですが
どうした？
「印紙税不納付 事実申出書」って いったい何なん ですか？

印紙税不納付事実申出書？ああ、たしか過怠税を一、一倍にするっていう…
それがどうかした？
ええ今契約書を見ているんですが印紙が貼っていない書類が何枚かありまして
よくあることだよ それで？
はい それはいいんですがそれについての印紙税法の適用に疑問があって
印紙税法に疑問？どういうことだ

印紙税法の二〇条
ですよ
ご存知でしょう
第八条第一項の規定により印紙税を納付すべき課税文書の作成者が同項の規定により納付すべき印紙税を当該課税文書の作成の時までに納付しなかった場合には、当該印紙税の納税地の所轄税務署長は、当該課税文書の作成者から、当該納付しなかった印紙税の額とその二倍に相当する金額との合計額に相当する過怠税を徴収する。
つまり僕は
これに則って
印紙の貼っていない契約書
については印紙税の三倍の
過怠税を徴収するものと
思っていたんです
うん
その通りだと
僕も思うが？
しかし同法の第二項は
こうなっているんです
前項に規定する課税文書の作成者から当該課税文書に係る印紙税の納税地の所轄税務署長に対し、政令で定めるところにより、当該課税文書について印紙税を納付していない旨の申出があり、かつ、その申出が印紙税についての調査があったことにより当該申出に係る課税文書について国税通則法第三二条第一項（賦課決定）の規定による前項の過怠税についての決定があるべきことを予知してされたものでないときは、当該課税文書に係る同項の過怠税の額は、同項の規定にかかわらず、当該納付しなかった印紙税の額と当該印紙税の額に一〇〇分の一〇の割合を乗じて計算した金額との合計額に相当する金額とする。
これによれば
自主的に申し出た場合に
二項が適用されると
なっているんですよ

現実には調査で調査官が納税者にこの申出書を提出させて二項を適用する場合がありますよね。法律上おかしくないですか⁉
君の言うことはよくわかるよ
だけど過怠税って本来の印紙税の三倍に相当する金額になるだろう
これって納税者にとってけっこう重いんだな
だから調査で発見された印紙税の漏れについては過怠税を軽減するために印紙税不納付事実申出書を提出させて印紙税二〇条二項を過用しているんだ
私も今まで印紙税の調査で三倍の過怠税を徴収したことはないわ
よほど悪質でない限り印紙税の一、一倍を徴収しているわよ
ですがそれって合法性の原則に反しますよね

たとえ納税者に有利になる処理であったとしても税務職員は法に定められたとおり課税徴収するべきでしょう
それは確かにそうだ君の言うことは間違いじゃないが
とても山口君らしい正論だわでも以前も言ったと思うけど…
私たちの仕事は何がなんでも重い過怠税をかけて納税者を痛めつけることじゃないのよ
少しでも税金を納めやすく配慮することも大切な使命じゃない？

でもだったら
なぜ一項が
あるんですか
ただいま
お帰りなさい
上席
どうした？
何かもめて
るのか？
いえ別に
もめてるって
わけじゃ…
君のその鼻息、
また何か納得
いかないことでも？
さすがは上席
実は…

なるほど
そういうことか
山口君　それは
私も森君や竹宮君に
賛成だ
でも上席
だったらなぜ
一項があるんですか
そうだな
私はむしろ
一項はいらないと
思うんだが
あるいは一項があることで
緊張感を持たせて
いるのかも知れないね
緊張感…
そう
二項で過怠税を
緩くはしているが
本来そう甘くはない
ということだ

なるほどね
少しは理解
できそうですが
まあでも
建て前では
ありますね
法にはそういう
不合理なものが
多いですね
そういうことも含めて
日々刷新されてゆく
のが法でもある
そんなもんですかね
まあ印紙税は
税理士に対しての
説明義務もないような
ものですしね
まあね
だからと言って
あまり軽く見るのも
困るがね
山口君
それより早く
片づけてくれよ
まだ他に頼みたい
こともあるんだよ
あ、ハイ

税理士法2条は、「税理士は、他人の求めに応じ、租税（印紙税、登録免許税、関税、法定外普通税（地方税法（昭和25年法律第226号）第10条の3第2項に規定する道府県法定外普通税及び市町村法定外普通税をいう。）、法定外目的税（同項に規定する法定外目的税をいう。）その他の政令で定めるものを除く。第49条の2第2項第10号を除き、以下同じ。）に関し、次に掲げる事務を行うことを業とする。」と規定し、その業務として、①税務代理、②税務書類の作成、③税務相談が挙げられている。

税理士業務の対象としない租税としては、税理士法施行令1条で、次のように規定している。

「税理士法第2条第1項に規定する政令で定める租税は、印紙税、登録免許税、自動車重量税、電源開発促進税、関税、とん税、特別とん税及び狩猟税並びに法定外普通税（法第2条第1項に規定する法定外普通税をいい、地方税法（昭和25年法律第226号）第1条第2項において準用する同法第4条第3項若しくは第5条第3項の規定又は同法第734条第6項の規定によって課する普通税を含む。）及び法定外目的税（法第2条第1項に規定する法定外目的税をいい、地方税法第1条第2項において準用する同法第4条第6項若しくは第5条第7項の規定又は同法第735条第2項の規定によって課する目的税を含む。）とする。」

税理士法2条で、印紙税法等を除くとしているのは、行政書士の業務の範囲に関するものであるからである。すなわち、昭和55（1980）年の改正前は、税理士業務の対象となる租税は、所得税、法人税、相続税、贈与税、事業税、市町村民税、固定資産税または政令で定めるその他の租税と税理士法上「限定列挙」の形式がとられ、直接税もしくはそれに近い性格のものに限定されていた。

そこで、税の専門家である税理士にすべての税法の業務を担わせることを目的として、昭和55年に税理士法が改正された。しかし、行政書士の既得権を一部認めることとしたため、税理士法51条の2において、「行政書士又は行政書士法人は、それぞれ行政書士又は行政書士法人の名称を用いて、他人の求めに応じ、ゴルフ場利用税、自動車税、軽自動車税、自動車取得税、事業所税その他政令で定める租税に関し税務書類の作成を業として行うことができる。」としている。

Column 2　退職した税務職員の再任用制度

そうか…蔵本さんが……
ただいま戻りました統括官まだいらしたんですか
おうおかえり

お仕事立て込んでるんですか？
いや別にそうじゃない
これを見ててな
定期人事異動速報…ああ、そんな季節ですね
蔵本統括官…君も知っているだろう
ええ知ってるも何も私の前任署の上司ですよ
そこに出ている
あ、本当だ退職されるんですね
蔵本さんは私が入署した時の先輩でね

久しく会っていなかったがもうそんな歳なんだな
そうだったんですか 私も蔵本さんには随分お世話になりました
私に税務職員の何たるかを教えてくださったのは蔵本さんでした 厳しい方でしたが 根は優しくて
退職後は税理士ですかね
いやそれはわからない
え?どうしてですか 蔵本さんならすでに税理士の資格は持っているでしょう
今税理士業界も不況だからな 食べていけるとは限らないんだよ

え？
じゃあ蔵本さん
再任用制度を
希望されるん
ですかね？
まあそれは
本人に尋ねないと
わからんが
それも選択肢の
ひとつだろう
週四日勤務して
給与は月額三〇万
くらいもらえる
らしい
もっとも賞与は
もらえないから
年収として
三六〇万ほどになる
それぐらいもらえたら
仕事の少ない税理士を
やるより良いと思うが
ということは
統括官も退職後は
再任用を希望される
おつもりですか？
まあまだ決めて
いないが
それも悪くは
ないな
そうですか
ところで統括官は
退職まであと
何年ですか？

私か 私はあと 三年かな
三年なんて あっという間だよ
はあ 三年ですか
もし私が 再任用されて その時の上司が 君だったら その時は よろしく頼む
またそんな ご冗談を
冗談なものか 退職して 再任用されると もちろん統括官 ではなく一介の 調査官になるんだ
君は私が退職する 頃には統括官に なっているだろう から
私が君の部下になる 可能性は大いに ありうる

そういえばいつだったかある税理士から聞いた話だが
税務署から税務調査の連絡を受けたのでその人の名前を税務職員録で調べたところ「調査官」となっていたので
三〇歳ぐらいの若い調査官が来ますよと経理担当に伝えたところ
当日随分老けた調査官が来たので大変驚いたそうだ
ははは それは驚いたでしょうね
私は 税務調査じゃなくてできれば内勤がしたいがね

調査はいやですか
やっぱり一度退いてからあらためて調査というのは疲れるからなぁ
一度現役を退くとむしろ申告書の受付のようなあまり気を遣わない内勤がいいよ
そうですかそれは残念です
残念?
そうですよ統括官の豊富な経験と知識…
それを生かさないなんて実にもったいない

そのスキルを後進の育成に生かしてほしいです
いやあそんなことはおこがましいが…
まあしかし私も歳のせいか今の若い職員を見ていると覇気がないように見えるね
ええそれは私も思います
しかし時代が変わって昔のような強引な調査ができなくなっているのもあるが

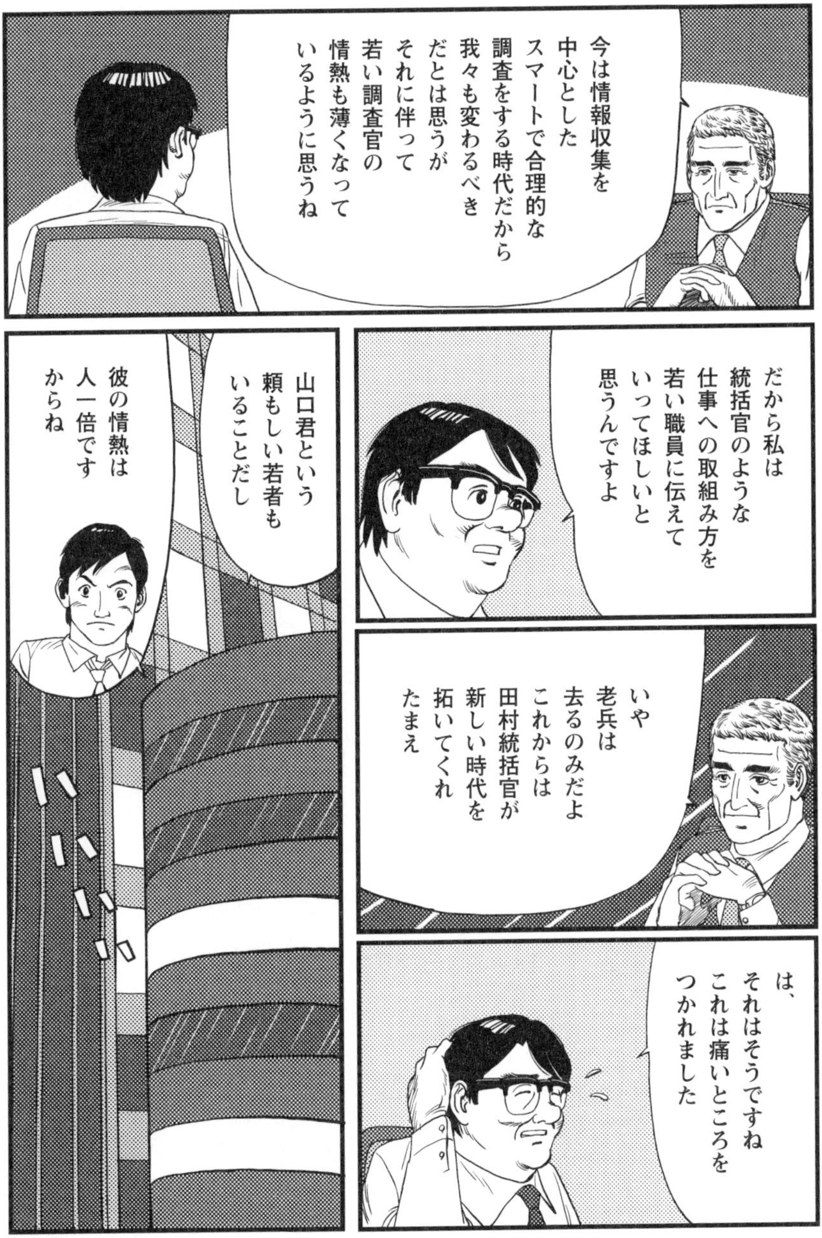
今は情報収集を
中心とした
スマートで合理的な
調査をする時代だから
我々も変わるべき
だとは思うが
それに伴って
若い調査官の
情熱も薄くなって
いるように思うね
だから私は
統括官のような
仕事への取組み方を
若い職員に伝えて
いってほしいと
思うんですよ
山口君という
頼もしい若者も
いることだし
彼の情熱は
人一倍です
からね
いや
老兵は
去るのみだよ
これからは
田村統括官が
新しい時代を
拓いてくれ
たまえ
は、
それはそうですね
これは痛いところを
つかれました

COLUMN コラム

再任用制度

平成25年度に60歳定年退職となる職員から公的年金の報酬比例部分の支給開始年齢が段階的に65歳へと引き上げられたことに伴い、60歳で定年退職した職員について無収入期間が発生しないように雇用と年金の接続が図られる必要が生じた。そのため、当面、任命権者は、定年退職する職員が公的年金の報酬比例部分の支給開始年齢に達するまでの間、再任用を希望する者については再任用するものとするとの方針が閣議決定(平成25年3月)され、同閣議決定の下で定年退職する職員について、再任用制度により雇用と年金の接続が図られてきている。

税務職員も60歳定年退職後、本人の希望によって、65歳まで、再任されることになっている。ただ、仕事の内容については、個々の税務職員の資質によって異なるが、原則、税務署内の管理職(統括官等)から外れることになる。ただ、税務職員の場合、原則、勤務年数23年以上の場合、税理士資格を取得することができる(税理士法8条1項10号イ)が、最近では、申告ミスをした税理士に対する損害賠償事件などが多く報道され、税理士としてのリスクが高いといわれていることから、定年後、税理士として仕事をすることを好まない税務職員も多く、再任用制度を活用するケースが多いといわれている。

なお、税務職員の再任用には、「短時間勤務」と「フルタイム勤務」があり、短時間勤務は、週4日(7時間45分×4日=31時間)で、フルタイム勤務は、週38時間45分勤務することになる。一般的に、短時間勤務を選択する者は多いが、フルタイム勤務を希望する職員も増加の傾向にある。その推移は次表のとおりである。

年度	フルタイム勤務	短時間勤務	合計
24年度	56人	1180人	1236人
25年度	77人	1427人	1504人
26年度	236人	1870人	2106人
27年度	357人	2142人	2499人
28年度(見込み)	700人強	約2000人	約2700人

■著者紹介

八ッ尾《やつお》　順一《じゅんいち》

昭和26年生まれ

京都大学大学院法学研究科（修士課程）修了

現　在：近畿大学法学部教授・公認会計士・税理士
　　　　大阪大学大学院高等司法研究科（法科大学院）招聘教授

著　書：『交際費（第５版）』（平成19年）中央経済社／『入門連結納税制度』（平成11年）財経詳報社／『第５版／事例からみる重加算税の研究』（平成26年）／『（新装版）入門税務訴訟』（平成22年）／『六訂版／租税回避の事例研究』（平成26年）／『マンガでわかる遺産相続』（平成23年）／『事例による資産税の実務研究』（平成28年）以上、清文社／『やさしくわかる減価償却』（平成12年）日本実業出版社／『対話式相続税増税時代の実務と対策』（平成26年）ぎょうせい　他

論　文：「制度会計における税務会計の位置とその影響」で第９回日税研究奨励賞（昭和61年）受賞

その他：平成９～11年度税理士試験委員
　　　　平成19～21年度公認会計士試験委員（「租税法」担当）

■マンガ家紹介

巴《ともえ》　啓祐《けいすけ》

漫画家・イラストレーター

グラフィックデザイン事務所でイラストレーターとして勤務の後、現在フリー。

イラスト制作の傍ら数編のストーリー漫画を雑誌に掲載後、主に企業や教育機関のための広報、広告漫画を多数手掛ける。

マンガでわかる税務調査《ぜいむちょうさ》
—法人《ほうじん》課《か》税《ぜい》第三《だいさん》部門《ぶもん》にて—

2016年12月26日　発行

著　者　八ッ尾《やつお》　順一《じゅんいち》 ©

発行者　小泉 定裕

発行者　株式会社 清文社
東京都千代田区内神田１－６－１（MIFビル）
〒101-0047　電話03(6273)7946　FAX03(3518)0299
大阪市北区天神橋２丁目北２－６（大和南森町ビル）
〒530-0041　電話06(6135)4050　FAX06(6135)4059
URL http://www.skattsei.co.jp/

印刷：(株)太洋社

■本書の内容に関するお問い合わせは編集部までFAX(06-6135-4056)でお願いします。
＊本書の追録情報等は、当社ホームページ(http://www.skattsei.co.jp/)をご覧ください。

ISBN978-4-433-63466-7